Veröffentlichungen des Deutschen Vereins für Volks-Hygiene.

Im Auftrage des Zentralvorstandes
in zwanglosen Heften herausgegeben
von
Dr. K. Beerwald, Berlin.

Heft VII.

Die
Gesundheitspflege auf dem Lande.

Von

Kreisarzt Dr. Nickel,
Perleberg.

München und Berlin.
Druck und Verlag von R. Oldenbourg.
1904.

Einleitung.

Wir sind gewöhnt, den Aufenthalt auf dem Lande als einen besonders gesunden anzusehen. Der Städter, der in engen Wohnungen, in hohen Häusern und schmalen Straßen wohnt, der den ganzen Tag in dumpfen Läden, Schreibstuben, Kellereien, rußigen Fabriken usw. arbeitet, sehnt sich in seiner freien Zeit hinaus aufs Land, heraus aus der mit Qualm und Staub geschwängerten Luft, in der er zu leben verurteilt ist, und kehrt mit dem Gefühl der Erfrischung und Erholung in seine engen Straßen wieder zurück. Alle diese Nachteile kennt der Landmann nicht. Sobald er aus seiner Behausung tritt, ist er in der freien Luft, und seine Beschäftigung veranlaßt ihn, den größten Teil seines Lebens in Licht und Sonne zuzubringen. Bis vor einer Reihe von Jahren hatten daher alle recht, die in das Lob des Landlebens einstimmten.

In letzter Zeit jedoch hat sich dies geändert. Es gibt eine Wissenschaft, die durch das trockene Aufrechnen von Zahlen uns einen zwar genauen, oft aber auch überraschenden Einblick in unser Handeln und Wandeln gibt, die Statistik. Diese hat auch die Lebensverhältnisse (Geburt, Eheschließungen, Krankheiten, Sterbefälle usw.) in das Reich ihrer Betrachtung gezogen und hat manche uns lieb gewordene Ansicht zahlenmäßig zerstört. So ist es auch dem alten Ruf vom gesunden Landleben gegangen.

Nach den statistischen Nachweisungen starben von 1000 Personen in Preußen

	insgesamt	in den Städten	auf dem Lande
1870:	29,0	29,8	27,2
1880:	27,3	28,5	26,6
1888:	24,4	24,3	24,5
1890:	25,5	25,3	25,5
1895:	23,2	23,1	23,2
1899:	22,7	22,6	22,9
1901:	21,9	21,6	22,0

Im allgemeinen lassen diese Zahlen ein Zurückgehen der Sterblichkeit erkennen, im ganzen um 7,1 ‰. Wenn man jedoch Stadt und Land besonders berücksichtigt, so hat sich die Sterblichkeit in den Städten um 8,2, auf dem Lande um 5,2 ‰ verringert. Während 1870 die Sterblichkeit auf dem Lande um 2,6 ‰ geringer war als in den Städten, ist sie also jetzt um 0,6 ‰ größer. Diese Zahlen geben zu denken!

Im Laufe der letzten drei Jahrzehnte hat sich ein neuer Zweig der medizinischen Wissenschaft entwickelt, der all den Schäden nachspürt, welche die menschliche Gesundheit zu beeinflussen geeignet sind, und der uns für die Abstellung derselben die geeigneten Ratschläge gibt. Ich meine die Hygiene oder Gesundheitspflege. Alle Verhältnisse, die mit dem menschlichen Leben in Verbindung stehen, Luft und Licht, Boden und Wasser, Wohnung, Nahrungsmittel, Kleidung usw., zieht sie in das Bereich ihrer Untersuchungen. Der Staat hat, soweit es in seiner Macht steht, die Lehren der Hygiene in der Verwaltung zum Ausdruck gebracht und bei den öffentlichen Bauten, bei der Bekämpfung der ansteckenden Krankheiten usw. berücksichtigt. Eine weitere Reihe von gesundheitlichen Maßnahmen gehören in das Bereich der Gemeinden. Und da sind es vor allen Dingen die größeren Städte gewesen, welche durch Einführung von Wasserleitung, geregelter Abfuhr, Staubbeseitigung, durch die Sorge für bessere Wohnungen usw. ihre gesundheitlichen Verhältnisse ganz bedeutend gehoben haben. Staat und Städte im Verein haben unter Führung der Hygiene und deren Vertreter das Zurückgehen der Sterblichkeit in Preußen bewirkt.

Diese gesundheitlichen Bestrebungen sind bisher an den Dorfgemeinden spurlos vorübergegangen. Bei der Abneigung gegen alle Neuerungen beharren sie in dem alten Schlendrian, und es bedarf sehr starker Aufrüttelungen, um sie aus diesem festen Winterschlaf aufzuwecken. Die aus solchen Unterlassungssünden sich ergebenden Nachteile bleiben jedoch nicht auf das Land allein beschränkt. Bei den vielen Wechselbeziehungen, die zwischen Stadt und Land bestehen, liegt jetzt sogar die Gefahr nahe, daß die gesundheitlich viel besser gestellten Städte durch die Dörfer geschädigt werden, indem die in den Städten sorgsam unterdrückten Krankheiten von den Dörfern wiederum den Städtern zugetragen werden.

Ich will daher versuchen, im folgenden auf die gröbsten gesundheitlichen Schäden unserer ländlichen Gemeinden hinzuweisen und die Mittel für ihre Beseitigung anzugeben. Durch den langjährigen Verkehr mit der ländlichen Bevölkerung und durch meine amtliche Stellung glaube ich mich dazu berechtigt. Dem Zweck der Schrift entsprechend, habe ich wissenschaftliche Ausdrücke, so gut es anging, vermieden und mich einer Ausdrucksweise bedient, die hoffentlich auch jedermann verstehen wird.

Ich bitte alle diejenigen Herren, die für eine etwaige zweite Auflage besondere Wünsche haben, mir dieselben mitzuteilen, namentlich richte ich diese Bitte an meine Herren Amtskollegen. Für jede Anregung werde ich dankbar sein.

A. Öffentliche Gesundheitspflege.

1. Anlage von Dorf, Strasse und Gehöft.

Bei der Anlage von ländlichen Ortschaften und Gehöften ist bis in die Jetztzeit auf alle anderen, nur nicht auf die gesundheitlichen Verhältnisse Rücksicht genommen worden. Ursprünglich siedelten sich die Leute da an, wo sie günstige Bedingungen für ihre Lebensführung, sei es als Jäger, Fischer oder dergleichen, fanden, und wählten dazu hauptsächlich schwer zugängliche Orte in der Nähe von Seen, Sümpfen, in tiefen Wäldern usw. So entstand eine Anzahl von Ortschaften, die noch heute infolge ihrer ungünstigen Lage eine ganze Reihe gesundheitlicher Mißstände darbieten. Und selbst heute, wo durch die Aufteilung größerer Güter und Errichtung von kleineren Rentengütern immer noch neue Ortschaften entstehen, fragt bei der Anlage derselben niemand einen Geologen oder gar einen Gesundheitsbeamten um seine Meinung, trotzdem dieselbe für die Auswahl des Baugrundes und die Bauart der Häuser von ausschlaggebender Bedeutung ist. Das bestimmt alles der Jurist, daher der sehr bezeichnende Name „Generalkommission". Und doch handelt es sich um Forderungen, deren Vernachlässigung schweren gesundheitlichen Schaden bringen kann, und über welche allein der Fachmann Auskunft zu geben vermag.

Der Baugrund bereits verlangt bestimmte Berücksichtigungen. Derselbe soll durchlässig und trocken sein, daher eignet sich Sand-

und Kiesboden, und verwitterter Fels besonders gut für ihn. Undurchlässiger Ton, Lehm oder mooriger und sumpfiger Boden sind zu verwerfen. Auch ein sehr hoher oder stark schwankender Grundwasserstand erweist sich als ungünstig. Die Straßenzüge werden am besten derartig angelegt, daß sie sich dem Längslauf nach senken, damit die Regenwässer nicht seitwärts nach den Gehöften ihren Abfluß suchen. Die Straßen sollen gepflastert und an den Seiten mit Rinnsteinen oder auch mit Gräben versehen sein; diese sollen die von den Straßen und von den Höfen abfließenden Regenwässer aufnehmen und in den Dorfteich oder aus dem Dorfe heraus abführen. Nicht aber sollen die Rinnsteine dazu dienen, Schmutzwässer oder Jauche von den Gehöften abzuleiten. Neben dem Fahrdamm soll sich ein fester, breiter Steig für Fußgänger befinden. Die Bepflanzung der Straße und des Steiges mit Laubbäumen ist vom gesundheitlichen Standpunkt sehr zu empfehlen. Im ganzen wird man für die Dorfstraße eine Mindestbreite von 20 m zu fordern haben; wenn es jedoch angängig, soll man unter 30 m nicht herabgehen. Daß die Dorfstraße auch der wöchentlichen Reinigung bedarf, sei noch besonders hervorgehoben. Unter jetzigen Verhältnissen wird die Straße höchstens jährlich ein- bis zweimal mit Hacke und Schaufel auf Anordnung des Schulzen vom gröbsten Schmutz gereinigt, wenn Pantoffel und Holzschuhe für den Verkehr auf derselben nicht mehr ausreichen.

Ebensowenig wie über die Straßenanlage enthalten die Baupolizeiverordnungen Vorschriften über die zweckmäßige Anordnung der Gebäude auf den Gehöften. Sie bestimmen nur die Entfernung von der Grenze, sowie den Abstand von der Straße und überlassen es dem Besitzer selbst, nach seinem Geschmack und Verständnis sich sein Nest zu bauen. Oft ist der Ratgeber der Bauern ein im Dorfe wohnender Bauunternehmer, der in früheren Jahren sich als Zimmergeselle herangebildet hat und nun genau so baut, wie es der Landmann haben will. Leider muß aber auch hervorgehoben werden, daß selbst Bautechniker, bei denen man doch ein größeres Verständnis für gesundheitliche Fragen voraussetzen sollte, mit ihren Entwürfen den einfachsten Forderungen der Gesundheitspflege direkt ins Gesicht schlagen.

Landessitte und Gewohnheiten sind zumeist für die Bauart und die Lage der Gebäude zueinander bestimmend. Hier baut man das Wohnhaus an der Straße, dort ganz abseits im Hofraum; hier vereinigt man unter einem Dache alle Wirtschaftsräume, dort trennt man Wohnhaus, Stallung und Scheunen; hier baut man straßenlängs Haus an Haus, dort legt man zwischen den Gehöften die Gärten an usw. Die meisten dieser Gepflogenheiten können ohne weiteres zugestanden werden, aber es müssen auch gleichzeitig gewisse gesundheitliche Forderungen erfüllt werden, die man bisher gänzlich außer Acht gelassen hat. Über die Größe der Bauplätze existieren keine Vorschriften, höchstens ist die eine Bestimmung in der städtischen Bauordnung vorhanden, daß vom Grund und Boden ein Viertel als Hofraum bleiben muß. Selbstverständlich ist diese Vorschrift bei ländlichen Grundstücken völlig unzutreffend; denn die Größe des Grundstücks muß nach dem Umfang der zu errichtenden Gebäude eine verschiedene sein, je nachdem es sich um ein Bauerngehöft oder die Hofstelle einer kleinen Hüfners handelt. Im ganzen muß man daran festhalten: Je räumlich größer die Hofstelle, desto besser für die gesundheitlichen Verhältnisse.

Möglichst soll auf die Anlage eines Gartens vor und zur Seite der Gehöfte Bedacht genommen werden. Zu verwerfen sind namentlich die schmalen, engen Hofstellen. Sie führen zu der sogenannten geschlossenen Bauweise, wo sich Hausgiebel an Hausgiebel reiht, und wo eine Abfahrt höchstens von der Hinterseite des Hofes möglich ist. Bei der großen Menge der festen und flüssigen Abgänge auf einem ländlichen Grundstück kann eine starke Verschmutzung solcher Gehöfte selbst bei trockenem Wetter nicht ausbleiben. In jedem Kreise sind einige derartig angelegte Dörfer. In einem derselben geht z. B. das Mindestmaß der Höfe herab auf 6,40 m Breite und 13 m Tiefe. Auf diesem Raum sind Stallung, Abort, Dunghaufen, Müllhaufen und Brunnen zusammengedrängt untergebracht! Im allgemeinen wird man für ein Bauerngehöft eine Fläche von 40 a = $1^1/_2$ Morgen beanspruchen müssen (mit Garten 50—60 a = 2—$2^1/_2$ Morgen).

Ferner ist die Stellung der Gebäude auf dem Hofe nicht gleichgültig. Als oberster Grundsatz gelte stets: Das Haus und der Brunnen müssen auf der höchsten Stelle des Hofes stehen; will man das Haus an eine bestimmte, tiefer gelegene Stelle bringen, so ist der Erdboden zu erhöhen. Viehstallungen, Dunghaufen, Jauche- und Abortgruben müssen mindestens 10 m von Haus und Brunnen entfernt liegen. In keinem Falle darf auch bei stärksten Regenschauern ein Rückfluß von Stallungen, Dunghaufen und Jauchegruben nach dem Hause oder Brunnen stattfinden. Nach welcher Seite man die Front des Hauses richten muß, wird meistens schon durch die Lage des Hofplatzes zur Straße gegeben. Hervorgehoben sei hier nur, daß es am zweckmäßigsten ist, die Wohnzimmer nach Süden und die Wirtschaftsräume nach Norden hin zu legen und die Schlafzimmer, wenn angängig, nach Osten.

2. Das Wohnhaus.

Die Bauart richtet sich im allgemeinen nach der Gewohnheit der einzelnen Landesteile. Selten findet man Häuser, die ganz aus Balken hergestellt sind, sog. Blockhäuser; am meisten bevorzugt wird jetzt der massive Hausbau; derselbe scheint den Fachwerkbau nach und nach zu verdrängen.

Die Baumaterialien sind je nach den verschiedenen Teilen des Hauses verschieden auszuwählen.

Die Fundamente sollen aus möglichst hartem, wenig durchlässigem Gestein hergestellt werden, damit sie keine Feuchtigkeit aufnehmen und an die Wandungen abgeben können. Hierzu eignen sich vorzüglich die harten Bruchsteine, wie Granit, Quarz und Gneis, ferner hartgebrannte Ziegel, sog. Klinker. Nur bei ganz trockenem Baugrund und tiefem Grundwasserstand ist eine ausgiebige Unterkellerung der Gebäude zulässig; treffen diese Bedingungen jedoch nicht zu, so ist die Unterkellerung auf das Notwendigste zu beschränken. In jedem Falle soll man den Grundsatz befolgen, die Wohnräume niemals und Wirtschaftsräume nur ausnahmsweise, bei ganz trockenem Baugrund, in den Keller zu legen. Auch die rein praktische Erwägung, daß Wirtschaftsräume und selbst Waschküchen zu ebener Erde viel billiger sind, wird von der Einrichtung derartiger Keller abhalten. Ist das Aufsteigen von Feuchtigkeit in den Grundmauern zu befürchten, so soll diesem Übelstande durch Isolierschichten von Asphaltpappe, von Glas- oder stärkeren Bleiplatten vorgebeugt werden. Auch ein Zementverputz oder Asphaltanstrich begünstigt das Austrocknen der Grundmauern.

Für die Herstellung der Hauswände soll ein mehr durchlässiges Material Verwendung finden. Hierzu eignen sich der

Sandstein und der gewöhnliche Mauerstein. Das Einmauern von sog. Isolierluftschichten oder Hohlschichten befördert die Trockenheit der Wandungen und bietet gleichzeitig einen schlechten Wärme- und Schalleiter, ohne daß die Festigkeit der Wandungen darunter leidet. An der Wetterseite, die häufig an der Westseite liegt, ist vielfach noch ein besonderer Schutz der Außenwandungen durch undurchlässige Bekleidungen von Schiefer, Verblendziegeln u. dgl. notwendig.

Die Wahl der Bedachungen richtet sich ebenfalls nach den einzelnen Landesgewohnheiten. Alle Bedachungsarten vom Rohr- oder Strohdache bis zum festen Zementplatten- und Metalldach haben ihre Vorteile und auch ihre Nachteile. Was die einen an Feuerschutz auf der einen Seite mehr bieten, büßen sie auf der anderen wieder durch große Wärmeleitung ein. Der Hauptzweck jedoch, die Böden und die Wohnungen von oben her trocken zu halten, läßt sich bei jeder Bedachung erzielen. Für Zwischendecken darf nur ein durchaus trockenes und nicht durch Abfälle irgendwie verschmutztes Material verwandt werden. Auf einen Punkt sei dabei noch besonders hingewiesen, der gewöhnlich gänzlich vernachlässigt wird. Für die Trockenheit der Gebäude ist das zum Mörtelbereiten benutzte Wasser durchaus nicht gleichgültig. Hat man Flußwasser oder ein reines Grundwasser zur Verfügung, so wähle man dieses. Ein Wasser, das aus einem stark durch menschliche oder tierische Abfallstoffe verunreinigten Boden entstammt, enthält viel Kochsalz sowie salpetersaure Salze und zieht dadurch stets Feuchtigkeit an. Wandungen, die mit solchem Wasser aufgemauert sind, werden niemals trocken.

Über die einzelnen Teile des Hauses seien nur noch einige Bemerkungen gestattet. Die Baupolizeiverordnungen schreiben für Wohnräume eine Mindesthöhe von 8 Fuß oder 2,50 m vor. Vielfach glaubt man, an dieser Zahl festhalten zu müssen, um eine leicht zu heizende Wohnung im Winter zu haben. Es ist ja richtig, eine derartige Wohnung heizt sich gut, noch mehr aber, sie überheizt sich leicht und gibt namentlich in den oberen Teilen eine stärkere Hitzestauung. Ein höheres Zimmer hingegen bietet bei annähernd gleicher Verwendung von Heizmaterial eine viel gleichmäßigere Durchwärmung. Es sollten daher Zimmer unter 3 m Höhe nicht mehr errichtet werden.

Auch die Beleuchtung der Zimmer ist nicht gleichgültig. Große Fenster zieren das Haus, sagt ein altes Sprichwort. Je größer die Fensterfläche, desto heller und gesunder ist eine Wohnung. Als Mindestmaß muß man festhalten, daß die Fensteröffnungen im Mauerwerk wenigstens $^1/_8$ der Bodenfläche ausmachen. Die Himmelsrichtung ist hierbei von ganz besonderem Einfluß. Die nach Norden gelegenen Zimmer müssen eine größere Lichtfläche haben als die nach Süden gelegenen, wenn sie nicht feucht und dumpfig werden sollen.

Der Fußboden wird zumeist aus Holzdielen hergestellt. Zu verwerfen ist für Wohnzimmer eine Pflasterung aus Mauersteinen oder Feldsteinen oder gar ein aus Lehm gestampfter Fußboden. Denn die Fugen zwischen den Steinen, wie jede angefeuchtete Lehmstelle bilden wahre Sammelstätten für Schmutz und Krankheitskeime. Die Größe der einzelnen Zimmer kann nach dem Zweck derselben verschieden groß bemessen werden. Festzuhalten ist aber immer, daß jedes zum dauernden Aufenthalt von Menschen bestimmte Zimmer nicht unter 40 cbm groß sein soll. Die Einrichtung von sog. guten Stuben ist jetzt Modesache geworden und verrät einen gewissen Wohlstand, ist jedoch wirtschaftlich unpraktisch. Gewöhnlich wird hierfür das größte und beste Zimmer genommen, während dasselbe seinen eigentlichen Zweck erst als Schlafstube erfüllen würde. Denn dazu ist das beste Zimmer des Hauses gerade gut genug.

Die Bauart der Öfen richtet sich nach dem zur Verwendung kommenden Heizmaterial. In den Gegenden, wo Holz und Torf im Gebrauch sind, findet man zumeist große Öfen von Steinen und Kacheln, und die Bauart derselben ist seit Urgroßvaters Zeiten die gleiche. Auf die Größe und Lage der Zimmer und auf die innere Einrichtung der Öfen wird dabei keine Rücksicht genommen, trotzdem die Heizungsingenieure für die Erbauung von Öfen manchen beherzigenswerten Wink gegeben haben. Viel empfehlenswerter als die Steinöfen sind die neueren eisernen Öfen, die eine bessere Ausnützung des Heizungsmaterials gestatten.

Was den Heizwert der einzelnen Brennmaterialien betrifft, so sei kurz hervorgehoben, daß ein Kilo trockenes Holz, Torf und Braunkohle nicht annähernd dieselbe Heizkraft hat wie Steinkohle, Anthracit und Kokes; die letzteren geben eine doppelt so große und noch höhere Wärmemenge ab.

Eigene Lüftungsvorrichtungen sind gewöhnlich für die Zimmer nicht notwendig. Durch die Wände hindurch und besonders durch die Fugen und Spalten der Türen und Fenster findet ein fortwährender Luftaustausch statt, der durch das häufige Öffnen der letzteren in genügender Weise verstärkt wird. Die Fenster werden ja eigens zum Öffnen eingerichtet, damit durch sie eine ausgiebige Lufterneuerung herbeigeführt wird.

Über zwei Räumlichkeiten halte ich es noch für notwendig, einige Worte hinzuzufügen, weil deren Bauart selbst von einsichtsvollen Sachverständigen in unbegreiflicher Weise vernachlässigt wird. Unsere Speisen werden in der Küche zubereitet und sollen in sauberen und appetitlichen Geschirren auf den

Tisch kommen. Notwendig ist daher auch, daß sie sauber und appetitlich zubereitet werden. Als selbstverständlich ist aus diesem Grunde die Forderung aufzustellen, daß die Küche selbst bei der kleinsten Arbeiterwohnung einen eigenen Raum für sich darstellt, und nicht in einer dunklen Ecke auf dem Hausflur untergebracht wird. Die Größe der Küche soll sich nach der Größe des Hausstandes richten, und ist in einem Bauernhause ganz besonders geräumig anzulegen, weil sie gleichzeitig als Speiseraum für das ganze Hausgesinde dient. Die Beleuchtung der Küche sei nicht nur eine ausreichende, sondern eine gute. In der Küche soll es keine dunklen Ecken geben, und jede Tätigkeit soll bei klarstem Licht geschehen, damit sie sauber ausgeführt werden kann und bei der Zubereitung der Speisen nicht Schmutz in dieselben gelangt oder an den Gefäßen bleibt. Ebenso gut, wie man für die feineren Beschäftigungen, wie Schreiben, Zeichnen, Sticken ein gutes Tageslicht fordert, ist dasselbe auch für das Reich der Köchin notwendig. Einige Schulhäuser habe ich gefunden, wo ohne Lampenlicht auf dem Kochherd überhaupt nichts zu sehen ist. Die Fensterfläche sollte auch hier wie in den Schulstuben mindestens $^1/_5$ der Bodenfläche betragen. Der Boden in der Küche sei dicht, undurchlässig und leicht zu reinigen. Holzdielen sind an sich sehr praktisch, halten aber wegen des vielen Aufscheuerns nicht allzulange. Sehr zweckmäßig sind Belege von Kacheln mit möglichst engen Fugen, ferner Linoleum, feste Zementfußböden, Terrazzo ꝛc. Die vielfach vorhandenen Fußböden aus Mauersteinen sind unpraktisch, weil die Mauersteine sich leicht abnutzen und sehr breite Fugen bilden, geeignet zur Aufnahme von Schmutz und Scheuerwasser. Der Anstrich der Wandungen sei einfach und hell; ein Bestreichen derselben mit Ölfarbe bis $1^1/_2$ m Höhe ist sehr empfehlenswert.

Der Stand des Kochherdes richtet sich gewöhnlich danach, wie es dem Baumeister beliebt hat, den Schornstein anzulegen, während es gerade umgekehrt sein sollte. Die Kochmaschine hat in der Küche ihren bestimmten Platz, und nach ihrem Stand hat sich der Schornstein zu richten. So wie das Schulkind die richtige Beleuchtung nur hat, wenn ihm das Licht von der linken Seite kommt, so ist es auch bei der Köchin. Dieselbe hat dann den vollkommensten Überblick über den Herd und kann alle ihre Handhabungen bei auffallendem Licht am besten beobachten. Die Maschine soll also mit der Längsseite nicht an der Fensterwand oder an der ihr gegenüberliegenden Wand stehen, sondern an der zur Fensterwand senkrechten Wand, welche zur Linken liegt, wenn man von außen ins Fenster hineinschaut. Steht die Maschine an der Fensterwand, so blendet das Licht zu sehr, steht sie aber an der gegenüberliegenden Wand, so steht sich die Köchin selbst im Lichte. Erhält die Köchin das Licht von rechts, so sieht sie alles, was sie in die Hand nimmt, von der Schattenseite. Aus diesen Gründen erachte ich die Lage des Herdes nur an der vorerwähnten Stelle als die einzig richtige. Die Trennung der Küche in Kochraum und Spülküche wird sich nur bei ganz großen Betrieben als notwendig erweisen.

Das Abflußrohr, welches die unreinen Ausguß- und Spülwässer aus der Küche aufnimmt, soll in keinem Falle mit der Hausmauer enden, wie man es so vielfach noch findet. Eine Verschmutzung und ein Fäulnisherd unter den Fenstern und eine Durchnässung der Wandungen ist die unausbleibliche Folge. Vielmehr soll eine glatte, undurchlässige Rinne oder ein dichtes Rohr die Abwässer bis zur Dunggrube leiten.

Die Speisenkammer fand ich in einem neuen Schulhause so unzweckmäßig angelegt, daß ich auf diesen Übelstand besonders hinweisen möchte. Die Speisenkammer gehört nicht an die Südwand des Hauses, sondern, wenn angängig, an die Nordwand; die Wandungen derselben sollen nicht gleichzeitig Schornsteine einfassen oder an den Kochherd grenzen.

Die Größe der einzelnen Wohnungen wird durch den Wohlstand des Besitzers bedingt. Jedenfalls soll selbst die Wohnung eines einfachen Arbeiters mindestens zwei heizbare Stuben, Küche und Kammer umfassen.

Über die Lage des Hofes ist schon früher das Nötige gesagt. Um die Reinhaltung desselben zu fördern, ist die Pflasterung als notwendig zu bezeichnen. Die alte Bauernregel: Wo kein Dreck — das ist auch kein Speck, ist schon längst nicht mehr in Gebrauch.

Auf dem Hofe haben wir Brunnen, Stallungen, Dunggruben und Abort besonders zu betrachten.

3. Wasser.

Bei der großen Bedeutung, welche das Wasser für den menschlichen Körper hat, ist es auch natürlich, daß wir der Beschaffenheit desselben unsere besondere Aufmerksamkeit widmen. Es ist bekannt, daß das chemisch reine Wasser aus zwei Grundstoffen besteht, zwei Teilen Wasserstoff und einem Teil Sauerstoff; aber in dieser Reinheit kommt es in der Natur nicht vor.

Selbst das Regenwasser nimmt aus der Luft Staubteile, Pilze (Mikroorganismen) und Gase auf, und alle anderen Wasserarten sind je nach ihrem Ursprungsort verschieden.

Bei dem Durchdringen des Erdbodens kommt das Wasser mit den verschiedensten Stoffen tierischen und mineralischen Ursprungs in Verbindung; und so weit diese im Wasser löslich sind, werden sie ausgelaugt und mit dem Wasser fortgeführt.

Je nach der Zusammensetzung dieser Stoffe hat das Wasser für den menschlichen Organismus einen verschiedenen Wert. Man weiß ja, daß in einzelnen Gegenden besondere heilkräftige Stoffe im Wasser gelöst sind, die den Wässern den Ruf von Heilquellen verschaffen. Auf der anderen Seite aber können diese Beimischungen für den menschlichen Körper so nachteilig werden, daß das Wasser direkt als gesundheitsschädlich betrachtet werden muß. Um nun den menschlichen Körper dauernd gesund zu erhalten, ist es von größter Bedeutung, ihm ein einwandfreies Wasser zum Genuß zu verschaffen. Was versteht man aber unter einem reinen, guten Trinkwasser?

1. Es soll geruchlos sein, namentlich frei von jedem Fäulnisgeruch.

2. Es sei von erfrischendem Geschmack, d. h. es soll Kohlensäure enthalten; ein fader, fauliger oder modriger Geschmack soll selbst beim Erwärmen auf 30° nicht hervortreten.

3. Das Wasser soll farblos und klar sein.

4. Die Temperatur soll sich das ganze Jahr hindurch zwischen 7 und 11° bewegen.

5. Das Wasser soll aus einem Boden stammen, der nicht durch Abfallstoffe des menschlichen Haushalts verunreinigt ist.

Zu den notwendigen, durch die bloßen Sinne erkennbaren Eigenschaften eines guten Trinkwassers kommen noch die weiteren Prüfungen, die chemische und die mikroskopische.

Letztere bezieht sich auf die nicht mit bloßem Auge erkennbaren Beimengungen von Staubteilen, Kristallen und Lebewesen. Um die letzteren noch genauer zu bestimmen, züchtet man sie aus dem Wasser erst in Gelatinelösung, läßt sie sich dort vermehren und untersucht sie dann mit dem Mikroskop. Die Anwesenheit von Fäulnispilzen macht ein Wasser ohne weiteres unbrauchbar; es ist also nicht notwendig, daß man direkt Krankheitskeime, wie Typhuspilze oder dergleichen, findet.

Ein Wasser nimmt, wie schon gesagt, aus den Erdschichten, welche es durchläuft, lösliche Stoffe auf und hat darum, je nach der Bodengestaltung, eine entsprechende chemische Zusammensetzung. Für die einzelnen Beimengungen hat man nun Normen aufgestellt und die Mengen bestimmt, welche ein gutes Trinkwasser überhaupt nur enthalten darf. Was die einzelnen Stoffe betrifft, so soll das Wasser in 100000 Teilen feste Bestandteile bis zu 50 Teilen enthalten, von denen bis 20 Teile Kalk- und Magnesiaverbindungen sein dürfen. Einen Teil Kalk in 100000 Teilen Wasser bezeichnet man als einen Härtegrad. Je mehr Härtegrade ein Wasser hat, je härter es ist, desto weniger eignet es sich zu häuslichen Zwecken, namentlich zum Kochen von Hülsenfrüchten und Gemüsen sowie zum Waschen. Die Kalk- und Magnesiasalze scheiden sich in den Töpfen als Kesselstein ab. Hartes Wasser ist auch imstande, Magenkatarrhe zu veranlassen. Von organischen Stoffen soll ein gutes Trinkwasser eigentlich ganz frei sein, höchstens darf es 4 Teile in 100000 Teilen enthalten. Bei höheren Mengen ist der Schluß gerechtfertigt, daß das Wasser fortgesetzt durch organische, d. h. durch fäulnisfähige tierische und pflanzliche Stoffe verunreinigt wird. Ganz besonders bedenklich erscheint der Gehalt von Chlor. In der Nähe des Meeres freilich und in Gegenden mit Kochsalzlagern, in den Solbädern, wird man einen hohen Chlorgehalt des Wassers erklärlich finden; in anderen Gegenden jedoch darf die Menge 30 mg im Liter nicht übersteigen, sonst ist das Wasser durch häusliche Abfälle (Ausscheidungsprodukte des menschlichen und tierischen Körpers, namentlich Harn und Abwässer des Haushaltes) verunreinigt. Sodann ist zwischen dem Gehalt an salpetriger Säure, Salpetersäure und Ammoniak ein gewisser Zusammenhang, insofern sie durch Zersetzung stickstoffhaltiger Substanzen, d. h. durch Zersetzung eiweißartiger Körper entstehen. Diese Zersetzung (Verwesung, Fäulnis) geht im Boden vor sich.

Finden sich also Ammoniak, salpetrige Säure und Salpetersäure im Wasser, so zeigt dies an, daß die Verwesungsprodukte so reichlich im Boden vorhanden sind, daß sie schon ausgeschieden werden, ehe die Verwesung beendet ist. Zuerst tritt bei der Fäulnis Ammoniak auf, das bei gleichzeitigem Zutritt von Sauerstoff in salpetrige Säure übergeht. Aus dieser bildet sich dann Salpetersäure. Von Ammoniak und salpetriger Säure soll ein Wasser „nicht einmal bestimmbare Spuren" enthalten, von der Salpetersäure höchstens 1,5 in 100000 Teilen.

Zur Wasserversorgung werden Regenwasser, Fluß- und Seewasser, Quell- und Grundwasser verwendet. Der Gebrauch von Regenwasser kommt dort in Frage, wo die übrigen Wasserquellen versagen. Dasselbe ist stets durch Staubteile usw. verunreinigt. Es wird in Tonnen oder in Cisternen bei Regenwetter gesammelt. Letztere bestehen aus dichten, zementierten, im Erdboden liegenden Gruben. Sie sind zweckmäßig in zwei Teile, eine Einlauf- und eine Schöpfgrube, geteilt. Aus der letzteren wird das Wasser mittels einer Pumpe herausbefördert, nachdem es eine Filtrierschicht von Kies oder dgl. passiert hat. Auf eine dichte Bedekkung dieser Gruben ist besonders zu achten. Trotzdem kommt es häufig zu Verschlammungen der Cisternen, und eine regelmäßige gründliche Reinigung derselben erweist sich als durchaus notwendig.

Auch die Entnahme des Gebrauchswassers aus Flüssen und Seen ist nur als ein Notbehelf zu betrachten, wenn nicht vor dem Gebrauch eine Reinigung des Wassers erfolgt. Die in die Flüsse gehenden Schmutzwässer und Krankheitsstoffe können ein solches Wasser zu einer gefährlichen Quelle von Krankheiten und sogar großen Epidemien machen. Ist man auf den Gebrauch von Fluß- und Seewasser angewiesen, so soll man dasselbe möglichst aus der Mitte des Stromes oder Sees nehmen und dabei die Nähe von schmutzigen Zuläufen vermeiden.

An manchen Orten wird das Quellwasser zum häuslichen Gebrauch genommen. Dasselbe ist Regenwasser, welches in den Boden eindringt und dann an einer anderen Stelle sich wiederum einen Ausweg selbst sucht. Je nach den Bodenschichten, die es durchläuft, ist die Güte desselben verschieden. Entstammt die Quelle einem Waldboden, der wenig von menschlichen Füßen betreten wird, einer Gegend, die nicht durch menschliche Abfallstoffe verunreinigt ist, so wird man mit Sicherheit Krankheitskeime in demselben ausschließen können. Das Regenwasser gibt in seinem Lauf durch die verschiedenen Erdschichten nach seinem Einsickern in den Boden bis zu seinem endlichen Hervortreten als Quelle an das Erdreich Stoffe ab und nimmt dafür andere wieder auf. Die Ammoniak-, Phosphor- und Kali-Verbindungen werden im Boden zurückgehalten, während die Kohlensäure des Wassers eine Reihe von Mineralien bindet und als kohlensaure Salze mit sich führt.

Besonderes Gewicht ist auf die Schöpfstelle der Quelle zu legen. Diese soll so geschützt sein, daß eine Verunreinigung derselben ausgeschlossen ist. Am richtigsten wird daher die Quelle mit einem dichten Schacht ummauert und fest verdeckt. Seitwärts an demselben bringt man ein geschlossenes Überlaufrohr an, damit von außen her kein Staub noch Schmutz in die Quelle gelangen kann.

4. Brunnenanlagen.

Die häufigste Art der Wasserversorgung ist die durch Brunnen, welche eigentlich weiter nichts als künstlich erschlossene Quellen sind. Je nach der Tiefe der Brunnen unterscheidet man Flach- und Tiefbrunnen. Die ersteren sind zumeist nur einige Meter tief und entnehmen ihr Wasser aus den oberflächlichen Erdschichten. Ihr Wassergehalt ist von den niedergehenden Regenmassen abhängig; sie versiegen sehr leicht bei anhaltender Dürre, und bei der geringen Mächtigkeit der filtrierenden Bodenschicht ist die Beschaffenheit des Wassers eine sehr wechselnde; sie nehmen sogar, wenn Schmutzwässer in ihrer Nähe versiegen, deren Stoffe in sich auf. Die Tiefbrunnen erhalten, wie schon ihr Name sagt, ihr Wasser aus den tiefsten Erdschichten. Sie durchdringen die oberflächliche Erd- und Wasserschicht, sodann die erste undurchlässige (Ton-) Schicht und holen ihr Wasser aus den tieferen Kiesschichten. Für gewöhnlich bezeichnet man mit Tiefbrunnen die über 30 m tiefen Brunnen. Bei dieser Tiefe kann man ohne weiteres Verunreinigungen von oben her ausschließen. Zumeist wird es jedoch genügen, wenn der Brunnen nicht weniger als 10 m tief ist.

Nach der Bauart scheidet man die Brunnen in Kessel- und Röhrenbrunnen. Bei den Kesselbrunnen schafft man innerhalb des Erdbodens ein Sammelbecken für das Grundwasser und hebt es dann mittels einer Pumpe oder eines Schöpfgefäßes (Eimer). Die Brunnenkessel stellt man aus Feldsteinen, Steinplatten, Holzbrettern, Mauersteinen (sog. Brunnensteinen), Zementringen oder weiten eisernen Zylindern her.

Bei der Anlage eines Feldsteinkessels wird in der Weise verfahren, daß zunächst eine nach unten sich verjüngende Grube ausgeworfen wird, so tief, wie der Brunnen werden muß, um das nötige Wasser zu erhalten, d. h. bis in das Grundwasser hinein. Dann wird ein runder Kranz von Feldsteinen gelegt und Erde dahinter geschüttet; auf diesen wird wieder ein neuer Ring von Steinen gesetzt und der Raum dahinter wiederum mit Erde ausgefüllt und so fort bis zur Erdoberfläche. An eine Abdichtung des Brunnenkessels durch das Einfügen einer stärkeren Lehmschicht hinter den Steinen hat noch niemand gedacht. Denn die Feldsteine mit ihren großen Zwischenräumen geben keine dichte Brunnenwandung, und man sieht bei offenen Brunnen häufig zwischen den Steinen allerlei Pflanzen, zuweilen sogar Fliedersträucher hervorwachsen.

Die Brunnenkessel aus Steinplatten (Granit- oder Sandsteinplatten, mehrfach auch Werkstücke genannt) sind um nichts besser. Wie die Seitenbretter einer Kiste werden die großen viereckigen Platten aneinander gefügt und so Schicht auf Schicht gesetzt, ohne daß die einzelnen Platten oder die einzelnen Schichten auch nur im geringsten gegeneinander abgedichtet werden. Die Fugen sind daher stets durchlässig.

Noch schlechter sind die in gleicher Weise aus Holzbrettern hergestellten Brunnenkessel. Namentlich in der Nähe des Wasserspiegels verfaulen die Bohlen sehr leicht und lassen noch mehr Schmutz und Schmutzwasser in den Brunnen gelangen als die beiden anderen Bauarten. Zuweilen findet man Brunnenkessel, wo kaum noch ein Brett unversehrt ist. In einem Kessel waren die ganzen Bretter durch die herumgewachsenen Wurzeln der nächststehenden Bäume ersetzt.

Die aus gebrannten Ziegeln, den Brunnensteinen, errichteten Brunnen verdienen dieselbe Beurteilung. Die einzelnen Ziegelsteine werden ringförmig übereinander geschichtet. Innerhalb des Ringes und unter demselben wird die Erde ausgegraben, so daß der Ring durch seine eigene Schwere tiefer sinkt. Oben werden immer wieder neue Schichten aufgetragen, bis schließlich der Brunnenkessel in das Grundwasser hineinreicht. Auch hier denkt man an ein Abdichten des Brunnenkessels gegen das seitwärts eindringende Oberflächenwasser niemals.

Mehrfach hat man sogar die Zwischenspalten der Steine mit Moos ausgefüllt. Dies wuchert bald in das Innere des Brunnenkessels hinein und überzieht denselben gänzlich mit einer Moosschicht.

In neuerer Zeit hat man angefangen, die Brunnenkessel aus Zementringen herzustellen. Abgesehen von der Bequemlichkeit, mit der sich solch ein Brunnen aufführen läßt, hat er auch noch den Vorteil, daß die Fugen zwischen den einzelnen Ringen sich sehr leicht durch Zementmörtel dichten lassen. Beobachtet man nun bei einem derartigen Brunnenkessel noch die Vorsicht, die fünf obersten Ringe gegen das Erdreich durch eine etwa $1/8$ m starke Tonschicht abzuschließen, so hat man denjenigen Brunnenkessel, der den gesundheitlichen Anforderungen am meisten entspricht. In gleicher Weise errichtet man auch Brunnen aus weiten eisernen Zylindern.

Noch mehr zu empfehlen sind jedoch die Röhrenbrunnen, bei denen ohne jede Auflockerung des Erdbodens ein eisernes Rohr direkt bis zum Grundwasser in die Erde hineingetrieben wird (Abessinier). Leider sind diese Brunnen nicht überall anwendbar.

Sie müssen im Grundwasserstand eine gröbere Kiesschicht treffen, weil sie sich sonst sehr leicht verstopfen und nicht genügend Wasser geben. An und für sich sind sie aber bei gehöriger Tiefe die besten Brunnen, die es geben kann, wenn auch mancher Bauer das Wasser seines offenen Brunnens, der nahe am Dunghaufen steht, lieber trinkt. Dessen Wasser ist ihm viel schmackhafter, trotzdem er mit demselben eine ganze Reihe von Fäulnis- und Abfallstoffen genießt, die durch das versiegende Schmutzwasser ausgelaugt sind. Daß diese Stoffe schon einmal seinen Körper passiert haben, macht ihm keinen Kummer.

Die weitere Einrichtung der Brunnen wird durch die Art der Wasserförderung bedingt. Leider findet man noch eine ganze Reihe von Zieh- und Schöpfbrunnen. Der Brunnenkessel schließt hier mit dem ebenen Erdboden ab und ist dann mit einem Bretterverschlag umgeben. Dieser ist selten dicht, so daß Staub und Schmutz mit dem Schuhwerk hineingestoßen werden.

Nur ganz ausnahmsweise ist das Erdreich um den Brunnenkessel erhöht, so daß wenigstens bei Regengüssen das Schmutzwasser nicht direkt in den Brunnenschacht laufen kann.

Mittels eines Hebels (Brunnenschwengel genannt), einer Stange oder einer Winde wird nun das Wasser aus dem Brunnen herausgeholt. Hierbei sollte man wenigstens die Vorsicht benutzen, einen besonderen Eimer an dem Schöpfhaken zu befestigen und nicht den Schmutz eines jeden Stall- oder Hauseimers in dem Brunnen abzuspülen. Auch einen Deckel auf solch einem Brunnen muß man sich zumeist noch denken.

Bei Mauerstein- und Zementringkesseln findet man vereinzelt, daß der Brunnenring etwa 1 m über der Erde hoch gemauert oder daß er durch einen Zementring über den Erdboden erhöht ist. Die Beschaffenheit des Wassers entspricht ganz dem Zustande des Brunnens. Hunde und Katzen stürzen beim Fehlen eines Deckels direkt in den Brunnen. Daß auch Kinder in ihn hineinfallen und ertrinken, habe ich selbst erlebt. Auch ein verspäteter Bauer kann abends in seinem dunklen Drange seinen Weg in den Brunnen nehmen. Zum Glück für solche Verhältnisse sind diese Brunnen zumeist nicht tief. Sie entnehmen ihr Wasser aus den ersten wasserhaltigen Bodenschichten. Aus diesen Brunnen sprossen, wie schon erwähnt, zur Sommerszeit oft Pflanzen hervor, die zwischen den Steinen ihre Wurzeln in das Erdreich senken. Zu Herbstzeiten kann man die ganze Schar der fallenden Blätter von den nahestehenden Laubbäumen in ihnen finden. Um das für die Güte des Wassers überaus nachteilige Leben in solchem Brunnen noch zu vermehren, hatte sich ein Bauer sogar Aale hineingesetzt.

Etwas besser als die offenen Zieh= und Schöpfbrunnen sind die Brunnenkessel mit eingesetzten Pumpen, trotzdem die Bauart derselben noch viele Mängel aufweist. Vielfach findet man in den Brunnenkesseln Holzrohre, die den Nachteil haben, daß sie namentlich an dem Rand des Kessels sehr leicht faulen und dadurch undicht werden. Besser sind die eisernen, innen glasierten, und die kupfernen Brunnenrohre. Besonders wichtig ist hier die Abdeckung des Brunnenschachtes. Dieselbe muß stets höher als das umgebende Erdreich und mit einem dichten Bohlenbelag versehen sein, die Fugen desselben sind außerdem mit Leisten zu verdecken. Auch die Abschließung mit einer dichten Stein= oder Zementplatte ist ohne weiteres statthaft. Am besten jedoch wird der Brunnenkessel etwa 1 m unter der Erdoberfläche mit einer dichten Steinplatte geschlossen, dann mit einer starken Lehmschicht hügelartig bedeckt und mit Steinen gepflastert.

Das Brunnenrohr wird unter dieser Platte seitwärts aus dem Brunnen herausgeleitet, und die Pumpe selbst in der Küche oder im Stall aufgestellt. Steht die Pumpe direkt über dem

Brunnenschacht, so ist durch eine bis 5 m lange, dichte Abflußrinne das überfließende Wasser vom Brunnen fortzuleiten.

Um also die Bauart der Brunnen noch einmal kurz zu wiederholen, so empfiehlt sich in erster Linie die Anlegung eines Abessiniers. Ist dies nicht möglich, so soll man einen Tiefbrunnen aus Zementringen bauen, den Kessel etwa 1 m unter der Erde abdichten und die Pumpe entfernt von demselben aufstellen. Offene Zieh- und Schöpfbrunnen sind zu verwerfen. Direkt unstatthaft sind sie bei allen öffentlichen Gebäuden, bei Schulen, Gasthöfen, Fabriken und bei Gebäuden, die zur Herstellung und zum Verkauf von menschlichen Nahrungs- und Genußmitteln dienen (Bäckereien, Schlächtereien usw.).

5. Dung- und Abortgruben.

Der Dung soll auf den Höfen in besonderen Dunggruben gesammelt werden. Dieselben sollen, wie schon hervorgehoben, vom Brunnen mindestens 10 m entfernt bleiben.

Im eigensten Interesse der Besitzer ist es zu fordern, daß die Dunggrube undurchlässig hergestellt wird. Dies läßt sich sehr leicht durch Bedecken des Bodens mit einer ca. $^{1}/_{3}$ m starken Lehmschicht und Pflasterung derselben ausführen. Von den Seitenwandungen werden am besten zwei gegenüberliegende glatt mit Steinen hochgemauert und mit Zement verputzt, die beiden andern werden als Ein- und Ausfahrt leicht ansteigend gepflastert, so daß die ganze Grube die Gestalt der kleineren Flußfähren erhält. Der Rand der Grube wird zweckmäßig etwas erhöht gegen das umgebende Erdreich, damit nicht alle Regenwässer ihren Weg in die Dunggrube nehmen. Gegen das Einlaufen der häuslichen Abwässer in dieselbe wird man, falls nicht hierfür eine besondere Grube vorhanden ist, nichts einwenden können.

Die Stalljauche jedoch wird am zweckmäßigsten in einer besonderen, gut verdeckten und dichten Grube, die nicht direkt am Stall liegen soll, aufgefangen. Ganz besonders an den Schweineställen ist wegen der reichlichen Menge flüssiger Abgänge eine größere, dichte Grube zu verlangen. Die eingegrabenen Tonnen erweisen sich selbst bei kleineren Betrieben als ungenügend, weil sie eine zu häufige Entleerung verlangen.

Vielfach sind die Gruben gleich mit feststehender Jauchepumpe zu versehen. Durch diese wird der Inhalt in größere, auf Wagen befestigte Tonnen gepumpt und dann auf die Äcker abgefahren.

Für die menschlichen Entleerungen sollte auf jedem Gehöft ein Abort vorhanden sein, dessen Entfernung vom Brunnen ebenfalls mindestens 10 m betragen soll. Die Anlage im Hause selbst ist nicht zu empfehlen. Ebenso ist es unstatthaft, daß die Grundmauern der Gebäude gleichzeitig die Wandungen der Aborte bilden. Von Nachbargrundstücken ist eine Entfernung des Abortes von mindestens 5 m zu fordern.

Der Abort soll mit einer dichten, verdeckten Grube oder einem dichten Kasten, Kübel, Eimer oder dergleichen versehen sein. Dichte Aborte, Dung- und Jauchegruben sollten auf keinem ländlichen Gehöfte nicht nur aus gesundheitlichen, sondern auch aus wirtschaftlichen Gründen fehlen.. Die in ihnen gesammelten Stoffe bilden den natürlichen und gleichzeitig den umfassendsten (Universal-) Dünger für das Land. Läßt man die Jauche laufen, wie das so vielfach noch geschieht, so vergeudet man einen guten Dungstoff und schmeißt gewöhnlich noch Geld hinterher durch Einkauf künstlicher Düngemittel. So gut diese auch für den Augenblick wirken mögen, so werden sie doch auch mit der einen Bestellung völlig aufgebraucht, und das Land wird dadurch hart und verliert an Tragfähigkeit. Der natürliche Dung hingegen gibt seine Nährstoffe infolge der langsamen Zersetzung erst nach und nach ab und lockert durch die Zersetzungsprodukte gleichzeitig den Acker auf. „Trotz der hervorragenden und täglich wachsenden Bedeutung künstlicher Düngemittel muß nach wie vor im landwirtschaftlichen Betriebe der natürliche Mist die erste Violine spielen,“ sagt ein Witzbold der Fliegenden Blätter, und er hat darin vollkommen recht.

6. Stallungen.

Wenn ich hier mit einigen Worten auf die Stallungen selbst eingehe, so geschieht es nicht, um eine vollständige Stallhygiene zu schreiben, sondern nur, um auf einige grobe Mißstände hinzuweisen, die der Abhilfe dringend bedürfen. Man sollte meinen, die Lehre, daß für jedes Geschöpf Luft und Licht zu den ersten Bedingungen eines gedeihlichen Fortkommens gehören, sei als selbstverständlich zu betrachten. Wenn man aber die Art und Weise sieht, wie unsere Haustiere auf dem Lande gehalten werden, müßte eigentlich das Gegenteil richtig sein. In viele Stallungen dringt überhaupt nur bisweilen beim Öffnen der Tür ein Lichtstrahl, ein Fenster wird als ein ganz überflüssiger Luxus betrachtet. Der dem Tier überwiesene Raum ist häufig so eng und verschmutzt, daß einem beim Öffnen der Tür ein heißer übler Geruch entgegenströmt. Bei solchen Verhältnissen wundern sich dann die Besitzer noch, wenn die Tiere, die den Stall nicht verlassen, für Krankheiten empfänglicher und von einer derselben, der Tuberkulose, so zahlreich befallen werden.

Das Studium der Lebensbedingungen der kleinsten Lebewesen, der Bakterien, zu denen auch die Erreger unserer gefährlichsten Krankheiten gehören, hat zu dem höchst wichtigen Ergebnis geführt, daß für diese Spaltpilze Licht und Luft die größten Feinde sind. Nun gibt es eine weit verbreitete Krankheit, der Menschen und Haustiere in gleicher Weise zum Opfer fallen, die eben genannte Tuberkulose, deren Pilze in allererster Linie durch Licht und Luft zerstört werden.

Sollte das dem Landwirt nicht zu denken geben und ihn veranlassen, diese Mittel auch zur Bekämpfung der Tiertuberkulose anzuwenden, die bei dem heutigen Verhalten aus manchen Stallungen überhaupt nicht zu vertilgen ist? Hier heißt es also, schafft zu eigenem Vorteil auch den Tieren Licht und Luft. In jedem Stalle sollte das Verhältnis der Fensterfläche zum Boden mindestens 1:10 betragen. Je größer die Fensterfläche, desto besser für das Gedeihen der Tiere. Sollte sich zeitweise zum Zwecke der Mästung eine stärkere Verdunkelung als notwendig erweisen, so wird sich ja durch Anbringen von Fensterläden leicht Abhilfe schaffen lassen.

Für die Bauart und die Baumaterialien der Stallungen gilt dasselbe, was bei der menschlichen Wohnung angeführt ist. An erster Stelle ist eine trockene und luftdurchlässige Wandung zu verlangen. Die meiste Aufmersamkeit jedoch verdient der Fußboden des Stalles. Derselbe soll mindestens 25 cm über dem umgebenden Erdreich liegen, damit alle Stallabgänge abfließen können; dann soll er vollkommen undurchlässig hergestellt sein, so daß weder die flüssigen Abgänge im Stalle versickern, noch die Bodengase in den Stall aufsteigen können. Als Material für den Fußboden sind am meisten hartgebrannte Klinker zu empfehlen, welche mit Zement verfugt werden. Auch Fußböden aus Stampfbeton mit darüber liegender geriffter Zementschicht sind in neuerer Zeit mehrfach in Anwendung gebracht und werden für Pferdestallungen gelobt. Holzdielen sind nicht zu empfehlen, selbst wenn darunter ein schräger undurchlässiger Boden aus Zement hergestellt wird. Der Urin bleibt auch auf dem Zementboden (namentlich bei Pferden wegen seines großen Schleimgehaltes) kleben und beginnt schnell zu faulen und die Luft zu verpesten. Pflasterungen von Feldsteinen sind ebenso wegen der großen Zwischenräume, die zum Versickern und Faulen des Urins Veranlassung geben, als gesundheitlich schlecht zu bezeichnen.

Asphaltfußböden sind für Kleinvieh sehr gut zu gebrauchen, jedoch nicht für Pferdestallungen.

Der Fußboden ist mit einem Gefälle herzustellen, welches sich bei Pferde- und Kuhställen von der Krippe nach der Hinterwand zu senkt und hier die flüssigen Abgänge in einer offenen Rinne abführt. Das Gefälle braucht nur ein geringes zu sein, vielleicht 1—2 : 100, während es in den Schweineställen bis 1 : 10 betragen kann.

Die Jauche wird am besten in offenen Rinnen oder Halbröhren aus glasiertem Ton aus dem Stalle abgeleitet. Innerhalb des Stalles ist die Einrichtung so zu treffen, daß die Jauche eines Verschlages niemals durch einen zweiten fließt, um nicht etwaige Krankheitsstoffe aus einer Abteilung in die andere zu verschleppen. Offene Röhren sind wegen der besseren Reinigung den geschlossenen vorzuziehen. Die Jauchegrube soll stets außerhalb des Stalles angebracht werden, am besten in einiger Entfernung von demselben, damit die Zersetzungsgase nicht ihren Weg in den Stall nehmen und hier die Luft verpesten. Die übrige Einrichtung des Stalles ist als über den Rahmen dieser Schrift hinausgehend beiseite gelassen worden.

Als ganz selbstverständlich sei hier noch hervorgehoben, daß auch in den Stallungen die größtmögliche Sauberkeit herrschen muß, daß die Tiere nicht in ihrem eigenen Schmutz und Kot liegen sollen. Ich habe als nachahmenswerte Muster Schweinestallungen gefunden, die jährlich mehrmals frisch mit Kalk gestrichen und vor dem Einbringen eines jeden frischen Wurfes gründlich mit Lysollösung desinfiziert wurden.

In manchen Gegenden freilich ist es Sitte, in Kuhställen und namentlich in Schafställen Dung auf Dung zu häufen und ihn nur zwei bis dreimal im Jahr direkt aus dem Stall abzufahren (sog. Tiefstallungen). Zugegeben muß werden, daß dadurch ein besserer Dünger erzielt wird, aber vielleicht auf Kosten der Gesundheit der Tiere. Je reiner und sauberer ein Tier gehalten wird, desto besser wird es auch gedeihen.

7. Die Milchwirtschaft.

Die Milch gehört zu den wichtigsten Nahrungsmitteln für den Menschen, ja in dem ersten Lebensjahr ist der Mensch ausschließlich auf sie angewiesen. Bei dem vielfachen Unvermögen der Mütter, die Kinder selbst zu stillen, tritt an die Stelle der Muttermilch die Kuhmilch. Es ist daher eine unabläßige Forderung, daß die Milch in reinem und unverfälschtem Zustande dem Käufer dargeboten wird.

Die Sorge für eine einwandfreie Milch beginnt in den Stallungen selbst und mit den milchliefernden Tieren. Die Milch soll von einer gesunden Kuh stammen, die vor allen Dingen nicht tuberkulös sein darf. Die Milchkühe sollten daher in regelmäßigen, vielleicht halbjährlichen Zwischenräumen auf Tuberkulose durch einen Tierarzt untersucht werden. Diejenigen Tiere, die schädliche Milch liefern, oder bei denen der begründete

Verdacht besteht, daß dies der Fall ist, sind sofort von der Milchwirtschaft auszuschließen.

Daß die Tiere in den Stallungen und ebenso die letzteren sehr sauber zu halten sind, ist schon hervorgehoben worden.

Vor jedem Melken müßten das Euter und die Zitzen gründlich mit warmem Seifenwasser abgewaschen und hierauf sauber abgetrocknet werden. Wo dies nicht durchführbar ist, müssen jedenfalls die Euter zunächst mit einem groben Leinentuch und hierauf mit einem, mit reinem Fett (Vaseline) eingefetteten Wollentuche abgerieben werden. Ferner sind die Kühe so aufzustellen (ostfriesische Aufstellung), daß die Euter überhaupt möglichst rein bleiben. Als Einstreu darf nur reines Material, kein gebrauchtes (Bettstroh), verwendet werden. Alle zum Melken konstruierten Apparate haben sich als unpraktisch erwiesen, die Hand bleibt dazu das beste Werkzeug; daher sollen die Hände der Magd oder des Schweizers rein und sauber sein und sollen vor jedem Melken gründlich mit Wasser und Seife gereinigt werden. Auch das Gefäß, in das die Milch hineingelangen soll, muß äußerst sauber und rein gehalten werden. Das zu seiner Säuberung verwendete Wasser soll rein und klar sein. Steht nicht ein tiefer Kesselbrunnen zur Verfügung oder ein Abessinier, so muß man dazu ebenfalls abgekochtes Wasser nehmen. Das Wasser aus einem offenen Zieh- oder Schöpfbrunnen, aus Tümpeln, Seen und Flüssen ist in keinem Falle zu benutzen.

An vielen Orten besteht noch die Unsitte, die Milchgefäße in fließendes Wasser zu legen, um dieselben abzukühlen; das ist wegen der Gefahr der Einschleppung von Krankheitskeimen gänzlich zu verwerfen.

Soll nun die Milch im eigenen Haushalt gebraucht werden, so ist es am besten, wenn sie gleich abgekocht, hierauf abgekühlt und in gut verdecktem Gefäß an kühlem Ort beiseite gesetzt wird.

Bei der Butter- und Käsebereitung herrscht in den Kleinbetrieben noch eine Sitte, die nicht scharf genug verurteilt werden kann. Die Milch wird dort nämlich in flache, irdene Satten oder Töpfe getan und in ein Milchspind gestellt. Dieses hat seinen Platz in der Stube, die den Bewohnern zum gemeinsamen Aufenthalt dient; hier wird gegessen, Flachs gesponnen, gewebt, geraucht usw. Hier schlafen die Hausbewohner des Nachts. Hier erhalten im Winter Geflügel und klein Getier, wie Hunde, Katzen und Ferkel, ihr warmes Nachtlager. In solcher verpesteten Luft steht dann die Milch bis zu acht Tagen, solange, bis sich eine starke Rahmschicht abgesetzt hat, welche gewöhnlich zu dieser Zeit schon eine deutliche Pilzbildung erkennen läßt.

Die in solcher schmutzigen Umgebung abgesetzte und genommene Sahne (Rahm) wird dann zu Butter verarbeitet, die als frische Landbutter den Städtern verkauft wird!

Die Milch sowohl wie die daraus gewonnenen Produkte Rahm und Butter dürfen nicht in Wohn- und Geschäftsräumen aufbewahrt werden, auch nicht in Kellereien, die mit ersteren in Verbindung stehen; sie gehören vielmehr in besonders hierfür eingerichtete Milchkammern oder Milchkeller.

Das Schädliche der bisherigen Wirtschaft sieht allmählich der Landwirt auch schon ein und ist bestrebt, durch Anschaffung von Handzentrifugen Abhilfe zu schaffen, durch die der süße Rahm innerhalb 24 Stunden nach dem Melken zu Butter verarbeitet werden kann. Diese Neuerung ist in dem landwirtschaftlichen Kleinbetrieb als ein großer Fortschritt zu begrüßen.

Wenn die Milch nicht im eigenen Hause verwendet, sondern den Molkereien zugeführt wird, so ist bezüglich ihrer Gewinnung natürlich dieselbe Sauberkeit zu beachten wie vorher. Besonderes Gewicht ist dann auf eine schnelle und starke Abkühlung der Milch zu legen, damit ihre Zersetzung möglichst lange hintenangehalten wird. Der Transport hat in sauberen, dicht geschlossenen Gefäßen zu erfolgen.

In den Molkereien sollte die gesamte eingelieferte Milch bis zu 85—90° für wenige Augenblicke erhitzt werden, damit alle schädlichen Bakterien in ihr getötet werden. Es ist daher ungenügend, wenn einzelne Polizeiverordnungen nach dem Bibelwort: „Der Gerechte erbarmt sich seines Viehes" vorschreiben, daß nur die aus den Molkereien zurückgelieferte Magermilch, welche gewöhnlich zum Viehfutter dient, erhitzt zu werden braucht.

Bei der Gewohnheit vieler Menschen, die Milch ungekocht zu trinken, ist es als falsch zu bezeichnen, wenn die sämtliche Milch nicht gleich nach der Einlieferung durch Erhitzen keimfrei gemacht wird. Nur bei dieser Maßnahme ist man sicher, daß durch den Handel mit Milch und Butter nicht Krankheitskeime (Tuberkulose, Maul- und Klauenseuche, Erreger von Darmkatarrhen und Darmentzündungen usw.) auf den Menschen übertragen werden. Um einer Zersetzung der für den unmittelbaren Genuß für Menschen bestimmten Milch vorzubeugen, ist dieselbe tiefgradig abzukühlen, was am besten mit Hilfe besonderer Kühlapparate geschieht. Nach dem Keimfreimachen (Pasteurisieren) kommt sodann die für die Buttergewinnung bestimmte Milch in die Milchschleuder (Zentrifuge), um das Fett aus der Milch auszuscheiden. Hierbei werden gleichzeitig die der Milch anhaftenden Schmutzteile abgesondert (Zentrifugenschlamm). Welche Mengen Schmutz die Milch enthält, ersieht man aus den

Untersuchungen von E. Schulz, der in einem Liter Würzburger Marktmilch 2,5 bis 40,5 mg, im Mittel 15,5 mg Schmutz fand. In München, das pro Kopf und Tag 500 g Milch verbraucht, würden also bei rund 500000 Einwohnern jährlich über 28 Zentner frischer Kuhdung mit der Milch verzehrt!!! Diese Schmutzmengen werden durch die Zentrifugen zum allergrößten Teil ausgeschieden.

Bleiben bei dem Pasteurisieren wirklich noch lebende Bakterien in der Milch, so werden dieselben in der Zentrifuge zum Teil mit den Schmutzteilen im Zentrifugenschlamm abgeschieden; es muß daher derselbe sofort durch Verbrennen unschädlich gemacht werden, was bereits an vielen Orten polizeilich angeordnet ist.

Bis vor nicht zu langer Zeit hat man diesen Schlamm mehrfach noch zum Schweinefüttern benutzt und damit, solange die vorherige Pasteurisierung noch nicht eingeführt war, den größten Teil der Schweine tuberkulös gemacht (sog. Fütterungstuberkulose).

Die zur weiteren Bearbeitung der Milchprodukte dienenden Gerätschaften (Buttermaschine, Käsepresse usw.) müssen vollkommen rein und sauber sein. Die Milchgefäße müssen, ehe sie an die Lieferanten zurückgegeben werden, gesäubert und mit heißer Sodalösung oder Wasserdampf keimfrei gemacht werden. In gleicher Weise sind die Gefäße zu behandeln, in denen die Milch zum Verkauf gebracht wird. Offene Meßgefäße sollten beim Verkauf überhaupt nicht benutzt werden. Am meisten ist hierfür eine Meßvorrichtung zu empfehlen, ähnlich wie sie die Kaufleute für Petroleum verwenden.

Gefährte, welche zum Handel und zur Lieferung der Milch dienen, sollten nur zu diesen Zwecken benutzt werden und nicht zum gelegentlichen Mitnehmen von allen möglichen und unmöglichen Gebrauchsgegenständen. Auch die Butter ist beim Kleinhandel in sauberes Pergamentpapier stückweise einzupacken und so an die Käufer abzugeben.

Das in den Molkereien verwendete Personal muß rein und sauber am Körper sein, vor jedem Arbeitsantritt sich gründlich, besonders die Hände (Putzen der Fingernägel!!) waschen und eine saubere, waschbare Kleidung für die Arbeitszeit anlegen.

Personen, welche an ansteckenden oder Hautkrankheiten leiden, dürfen in Molkereien nicht beschäftigt werden. Dasselbe gilt auch für das Personal, welches mit der Pflege des Milchviehes und dem Melkgeschäft betraut ist. Aus den Gehöften, wo ansteckende Krankheiten herrschen, darf Milch nicht zu den Molkereien geliefert werden. Erkranken in den Molkereien selbst Personen an ansteckenden Krankheiten, so werden sie am besten sogleich dem nächsten Krankenhause überwiesen, damit die Krankheit nicht durch die Milch weiterverbreitet wird.

8. Gemüse.

Der Vertrieb von frischen Nahrungsmitteln, namentlich von frischen Garten- und Feldfrüchten, ist in den in der Nähe großer Städte gelegenen Ortschaften ein sehr reger: fast täglich bringen die Händler ihre Waren auf den Wochenmarkt oder in die Markthallen. Hierbei liegt die Gefahr der Verschleppung ansteckender Krankheiten sehr nahe. Eine ganze Reihe frischer Gemüse verträgt jedoch eine irgendwie eingreifende Säuberung und Reinigung nicht, ohne sofort an Wert zu verlieren und unansehnlich zu werden. Um nun trotzdem die Gefahr der Krankheitsübertragung durch sie möglichst einzuschränken, empfiehlt sich vor allen Dingen, alle diejenigen Gemüse, welche nicht gekocht werden, wie Salat, Radieschen, Gurken, Endivien, Rettig, Kohl usw. niemals in einem frisch gedüngten Acker anzupflanzen. Ist die Düngung im Vorjahr geschehen, und sind mit den Dungstoffen wirklich Krankheitskeime in größeren Massen in den Boden gelangt, so kann man mit Sicherheit (mit Ausnahme des Milzbrandes vielleicht) annehmen, daß sie im Verlauf eines Jahres durch Fäulnis zerstört worden sind. Welche Gefahren eine frische Düngung mit sich bringen kann, dafür gibt die Stadt Toulouse ein warnendes Beispiel. Hier wurde 1897 eine größere Typhusepidemie infolge des Begießens der Gemüsegärten mit verdünntem menschlichen Dünger hervorgerufen.

Zum Transport der Gemüse sollen reine und saubere Behälter benutzt werden, die nur diesem Zweck dienen und nach jedem Gebrauch durch Waschen zu reinigen sind. In den Verkaufsläden und Hallen bleiben die Gemüse am besten gleich in diesen Behältern aufgestellt und werden durch Decken u. dgl. vor dem Bestauben und Beschmutzen geschützt.

Ein handgreifliches Aussuchen der Gemüse und Früchte durch die Käufer ist ebenso unstatthaft wie die selbständige Auswahl der Backwaren.

Das gleiche gilt von dem Handel mit Obst, das bei weitem noch nicht in dem Maße angebaut wird, wie dasselbe es verdient. Der Obstbau lohnt die geringe Pflege, die er von seinem Besitzer verlangt, zumeist durch eine reichliche Ernte. Die verschiedenen Obstarten zeichnen sich durch einen hohen Gehalt an Zucker und Fruchtsäure aus und finden in neuester Zeit namentlich zur Bereitung von Fruchtweinen und alkoholfreien Getränken Verwendung. Bessere Obstarten haben als Genußmittel einen guten Absatz.

Dieses letztere Obst wird jetzt schon vielfach in Seidenpapier verpackt dem Transport übergeben und erhält so einen ziemlich großen Schutz gegen Verunreinigung.

In den Kaufläden sollen die Gemüse und Früchte genau so wie alle Nahrungsmittel getrennt von den anderen Waren aufgestellt und nicht in der Nähe von „duftenden" Produkten wie Petroleum, Stiefelwichse, Zigarren, Käse usw. untergebracht werden.

Für den Verkäufer gelten dieselben Bestimmungen wie für das Molkereipersonal: Sauberkeit am Körper, namentlich an den Händen, Sauberkeit in der Kleidung, Freisein von ansteckenden oder ekelerregenden Krankheiten. Es wird als selbstverständlich angenommen, daß auch diese Verkaufsläden nur ihrem eigentlichen Zweck dienen und nicht gleichzeitig als Wohn- oder Schlafzimmer benutzt werden.

9. Kramladen.

Auch an den Kaufladen auf dem platten Lande sind besondere gesundheitliche Anforderungen zu stellen. Er sei geräumig, luftig und trocken. Die einzelnen Waren sollen streng voneinander gesondert aufbewahrt werden, die Kästen, welche Nahrungs- und Genußmittel enthalten, stehen am besten in Gestellen mit vollen Füllungen. Die für den menschlichen Genuß bestimmten Waren sollen in den oberen Reihen des Gestelles sich befinden; Farben, namentlich giftige Farben sind in besonderen Schränken, getrennt von anderen Waren, unterzubringen. Genußmittel, die leicht Geruch und Geschmack annehmen, wie Kaffee, Butter usw., sind von den stark riechenden Waren, wie Käse, Liköre, Petroleum und von Gewürzen entfernt aufzubewahren.

Daß in dem Laden die peinlichste Sauberkeit herrscht, liegt im eigenen Interesse des Händlers. Übervorräte sollen in luftigen und trockenen Räumen, wie Boden und Kammern, untergebracht und so gehalten werden, daß sie nicht dem Verstauben und Verderben ausgesetzt sind. Die Verkaufswaren sind, soweit sie zur menschlichen Nahrung dienen, möglichst wenig mit den Händen zu berühren, am wenigsten soll auch hier dem Käufer die Auswahl nach vorherigem Anfassen gestattet werden. Bei den fliegenden Händlern auf dem Lande ist diesem Mißstande zumeist dadurch gesteuert, daß die Waren schon pfundweise abgewogen und verpackt an die Käufer abgegeben werden. Es ist darum auch stets in den Läden eine Trennung des Käufers von den Waren durch einen Ladentisch anzuempfehlen. Daß die Verkaufs- und Lagerräume nicht gleichzeitig zu Wohnstube oder Schlafstube benutzt werden dürfen, ist als eine selbstverständliche Forderung zu betrachten.

10. Bäckereien.

Bei den Bäckereien ist vor allen Dingen eine völlige Trennung der Betriebsräume von den Wohn- und Schlafräumen zu verlangen. Zu einem geordneten Bäckereibetriebe gehört zum wenigsten eine Backstube und ein davon getrennter Ofenraum.

Die Backstube, der sogenannte Arbeitsraum, soll hell und luftig sein, die Fenstergröße im Lichten soll $1/5$ der Bodenfläche betragen. Alle unnützen Ecken sind zu vermeiden, ebenso alle Fugen und Risse in den Wandungen und Decken. Letztere sollen mit weißer Kalkfarbe gestrichen, der Boden soll glatt und undurchlässig sein. Die Backtröge sollen nicht an den Wandungen befestigt sein, weil sich sonst leicht in den Fugen Ungeziefer festsetzt und die Reinigung erschwert wird.

Die Temperatur im Backraum soll 35 °C nicht übersteigen.

Der Backraum ist täglich zu lüften und zu reinigen und der Fußboden sauber aufzuscheuern. Auch sind die Backstuben zu keinem andern Zweck zu verwenden.

Kann der Mehlvorrat nicht gleichzeitig in der Backstube untergebracht werden, so ist für denselben eine helle und luftige Mehlkammer resp. Mehlboden vorzusehen. Das Aufstellen der Mehlsäcke in Hausfluren und Gängen ist nicht statthaft (Hunde!). Ebenso ist der Unsitte zu steuern, daß der Müllerknecht beim Abfahren des Mehles einen gefüllten Sack als Sitzgelegenheit benutzt.

Bevor der Bäcker an die Arbeit geht und die Backstube betritt, hat er Hände, Arme und Gesicht tüchtig mit Wasser und Seife zu reinigen, die Fingernägel besonders zu putzen und sein sauberes Arbeitszeug anzulegen. Letzteres darf nur beim Backen und bei keiner anderen Arbeit getragen werden. Während der Arbeit ist Rauchen, Schnupfen und Tabakkauen verboten. Ebenso dürfen die im Bäckereibetriebe gebrauchten Eimer und Töpfe, Kellen usw. zu keinem andern Zweck verwendet werden und müssen sich stets in einem reinen und sauberen Zustand befinden.

Die Schlafräume der Bäckergesellen sind völlig von den Backräumen zu trennen und sollen nicht in der Nähe des Backofens liegen; sie sollen mit Fenstern versehen und gut zu lüften sein. Für jeden Gesellen sind mindestens 15 cbm Luftraum zu verlangen. Jede Person soll ihr eigenes Bett haben und wöchentlich ihr eigenes, reines Handtuch erhalten. Personen, welche an einer ansteckenden oder einer Hautkrankheit leiden, sollen im Bäckereigewerbe überhaupt nicht beschäftigt werden.

Die Backwaren sollten eigentlich nur in den Bäckerläden verkauft und hier auf besonderen Gestellen aufbewahrt werden. Allein die Verkäuferin darf die Backwaren mit reinen und sauberen Händen befassen und in einen Korb oder in Papierbeutel legen. Kleinere Ortschaften, die keine Bäckereien haben, versorgt die Semmelfrau mit frischer Backware. An die Gerätschaften derselben, Kiepe und Korb, sind dieselben Anforderungen an Reinlichkeit und Sauberkeit zu stellen wie an die Gestelle der Bäckerläden. Selbstverständlich ist, daß in diesen Behältern, Kiepe und Korb, nichts anderes als nur Backwaren befördert werden dürfen, daß auch hier den Käufern die eigene Auswahl nicht gestattet werden kann, sondern der Semmelfrau überlassen bleiben muß.

An die Transportwagen der größeren Bäckereien sind ebenfalls, was Sauberkeit anbetrifft, die gleichen Anforderungen zu stellen. Zumeist sind diese Wagen in Form eines geschlossenen Kastens eingerichtet und daher leicht von Staub und Verunreinigungen frei zu halten. Auch sie sollen einzig zum Transport der Backwaren dienen. Außerdem verdient bei dem Kleinverkauf durch Händler auf dem Lande eine von Amerika überkommene Sitte große Beachtung, nämlich jedes Stück Backware in ein besonderes Blatt Papier einzuhüllen. Solche in Dütenform hergestellten und zur Verwendung in beliebigen Größen bereits durchlochten Verpackungen sind zu einem Preise, der wegen seiner Geringfügigkeit gar nicht in Betracht kommt, auch in allen größeren deutschen Städten zu haben.

11. Schlächtereien.

Für den Schlächtereibetrieb sind drei von den übrigen Wohn- und Wirtschaftsräumen getrennte Räumlichkeiten, ein

Schlachthaus, eine Wurstküche und ein Verkaufsladen zu verlangen. Im kleineren Betriebe wird man sich für Schlachtraum und Wurstküche mit einem Raum begnügen können.

Das Schlachthaus selbst muß so groß sein, daß ein Stier bequem darin geschlachtet werden kann, d. h. es muß mindestens $4 \times 5 = 20$ qm Bodenfläche haben. Die Höhe darf nicht unter 3 m betragen. Die Wandungen sind glatt mit Zement zu verputzen und bis 2 m Höhe mit einem hellen, jedoch nicht roten Ölfarbenanstrich zu versehen. Der Fußboden muß dicht sein und muß sich von allen Seiten nach einem einzigen Punkte, nämlich nach der Öffnung des Abflußrohres hin, senken.

Das Abflußrohr hat die flüssigen Abgänge direkt nach einer außerhalb des Schlachthauses gelegenen dichten Grube zu leiten. Damit aus derselben keine Gase in den Schlachtraum zurücktreten, ist das Abflußrohr siphonartig mit einer Biegung nach unten und mit einem Wasserverschluß anzulegen.

Die Beleuchtung des Schlachthauses geschieht am besten von zwei gegenüberliegenden Seiten; ist dies nicht möglich, so ist zur Abführung der Gase in der Decke ein besonderes Abzugsrohr anzulegen. Die Größe der Fenster im lichten Mauerwerk muß $^1/_5$ der Bodenfläche betragen, damit der Raum gehörig erhellt wird.

Das Schlachthaus soll mit den Wohnräumen nicht in direkter Verbindung stehen, sondern seinen Eingang vom Hofe aus haben. Jedoch soll man von der Straße nicht in dasselbe hineinsehen können.

Die Wurstküche soll in gleicher Weise wie das Schlachthaus hergestellt werden. Wird bei kleineren Betrieben gleichzeitig das Schlachthaus als Wurstküche benutzt, so sind die notwendigen

Gerätschaften, wie Kessel, Hackeklotz, Wurstmaschinen usw., im Schlachthaus selbst aufzustellen.

Der Verkaufsraum soll hell und luftig sein und sich durch größte Sauberkeit auszeichnen. Die Wandungen sind auch hier bis zu 2 m Höhe mit einer hellen, jedoch nicht roten Ölfarbe zu streichen oder mit einem weißen Kachelbelag zu versehen. Ebenso empfehlen sich für den Fußboden die gerippten Kacheln oder eine Zementierung.

Das Aushängen des Fleisches vor dem Laden an der offenen Straße ist in jedem Falle zu verbieten. Schmutz und Staub werden vom Winde herangeweht, und mancher Hund versucht sein Kauwerkzeug an den hängenden Fleischstücken.

Daß der Schlächter in den Sommermonaten für eine gute Aufbewahrung des Fleisches durch Eisschrank, Eiskeller usw. sorgt, liegt in seinem eigenen Interesse.

Die Grube ist im Sommer nach jedem Schlachten zu entleeren, zu reinigen und zu desinfizieren; im Winter ist dies Verfahren zweimal in der Woche genügend. Die festen Abgänge dürfen nicht in die Grube gelangen oder auf den Dunghaufen geworfen werden; sie müssen, falls sie nicht als Futter für die Hunde oder dergleichen Verwendung finden, in einer zweiten dichten Grube gesammelt und mit Kalkmilch (1 l gebrannter Kalk aufgelöst in 4 l Wasser) übergossen werden, damit bis zur Abfuhr keine Fäulnis eintritt.

Will man diese zweite Grube sparen, so empfiehlt es sich, die festen Abfälle direkt auf den Acker zu bringen und dort zu vergraben.

Bei jeder Schlachthausanlage ist gleichzeitig für die Beschaffung der nötigen Menge guten und klaren Wassers zu sorgen. Steht dieselbe nicht mit einer Wasserleitung in Verbindung, so ist auf dem Gehöft die Errichtung eines Brunnens (am besten eines tiefen Abessiniers) zu verlangen.

12. Gastwirtschaften.

Die Gastzimmer in den Gasthöfen sollen groß, geräumig und hell sein. Die Höhe derselben soll nicht unter 3 m und die Größe der Fenster im lichten Mauerwerk soll nicht weniger als $1/8$ der Bodenfläche betragen. Die Zimmertüren sollen nicht unter 1 m breit sein und stets nach außen aufschlagen. Auch die Fenster sollten in dieser Weise eingesetzt sein. Die Fußböden seien eben, leicht zu reinigen und stets in sauberem Zustande. Ferner ist für eine ausreichende, künstliche Lüftung (Ventilation) Sorge zu tragen. Bei starkem Tabakrauchen wird die Luft bald so mit Rauch geschwängert, daß man kaum mit einem Säbel durchhauen kann, wie es im Volksmunde heißt. Es muß daher eine verstellbare Ventilation vorhanden sein, die diesem Übelstande mit Sicherheit abhilft.

Zumeist wird der Ausschank des Bieres aus den Fässern mit Hilfe von Kohlensäure-Druckapparaten besorgt. Durch das Anstauen des Bieres in den Leitungsröhren kommt es sehr leicht zu Verschmutzung der Druckleitung. Aus diesem Grunde ist der Reinigung derselben eine ganz besondere Aufmerksamkeit zu widmen.

An Stellen, wo der Ausschank nur ein geringer ist und das Bier daher tagelang im Apparat steht, ist es viel ratsamer, Flaschenbiere zu verwenden.

Auch die Reinigung der Trinkgefäße ist in keinem Falle zu unterlassen. Es sei stets ein Kübel mit reinem, klarem Wasser zur Hand, in dem die Gläser, namentlich ehe sie in Gebrauch genommen werden, auszuwaschen sind.

Für eine recht häufige Erneuerung dieses Wassers ist Sorge zu tragen. Daß zum Austrocknen der Gläser ein sauberes Gläsertuch zu nehmen ist und nicht etwa eine verschmutzte Küchenschürze, ist eigentlich als selbstverständlich zu bezeichnen, muß aber nach den gemachten Erfahrungen hier doch ganz besonders betont werden. Likörgläser müssen in derselben Weise behandelt werden wie die Biergläser.

Der ganze Betrieb soll einen reinen und sauberen Eindruck machen. Tische, Geschirr und Wäsche sollte stets einen einladenden Anblick gewähren. Zu verurteilen ist der Unfug, Tischwäsche, namentlich Servietten (Mundtücher) nach dem Gebrauch anzufeuchten, zu pressen und dem nächsten Gast als reine und frische Wäsche wieder vorzulegen. Sehr leicht können hierdurch ansteckende Krankheiten übertragen werden, und manche Bartflechte, die man der Unsauberkeit des Barbiers zu verdanken glaubt, hat ihren Ursprung von den aufgefrischten Servietten in den Gastwirtschaften.

Vielfach ist es Sitte, die Dielen in den Gastzimmern stark mit Sand zu bestreuen, weil viele Gäste den Spucknapf noch für einen unnützen Zierat halten. Durch tägliches Aufscheuern und Ausfegen wird sich auch hierbei eine ausreichende Sauberkeit erzielen lassen.

Der Zugang zur Gaststube, der Hausflur, sei geräumig, hell und sauber. Die Haustür schlägt am besten ebenfalls nach außen auf; sie soll zweiflügelig und mindestens 1,5 m breit sein.

Hauseingang, Hausflur und Gastzimmer sollen von eintretender Dunkelheit bis zum Schluß des Geschäftes genügend erleuchtet sein.

Die Fremdenzimmer sind hell und sauber zu halten. Sie sollen nicht in versteckten Ecken und Winkeln liegen, sondern leicht zugänglich sein, damit bei eintretender Gefahr der Ausgang schnell zu finden ist. In keinem Fall sollen die Fremdenräume direkt neben dem Schenkzimmer liegen. Die Betten sollen bequem und stets sauber bezogen sein.

Für die reisenden Handwerksburschen ist ein besonderer, luftiger und im Winter warmer Boden mit Strohlager und wollenen Decken bereit zu halten.

Der Brunnen des Gasthofes muß stets ein einwandfreies Wasser geben. Er darf nicht in der Nähe der Aborte, Stallungen oder Dunghaufen stehen, sondern muß mindestens 10 m von denselben entfernt liegen.

Offene Zieh- und Schöpfbrunnen sind auf Gasthöfen nicht gestattet. Am besten empfiehlt sich auch hier, wenn eine zentrale Wasserversorgung nicht vorhanden ist, ein mindestens 10 m tiefer Abessinier.

Bei den Abortanlagen sind mindestens je eine Zelle für Männer und Frauen zu verlangen.

Die Aborte sollen mit dicht bedeckten Gruben oder dichten Behältern (Tonnen, Kübeln, Zinkeimern usw.) versehen sein. Für die Männer ist noch ein besonderes Pissoir anzulegen mit dichtem Gefäß zur Aufnahme des Urins. Dasselbe darf jedoch nicht in der Nähe des Frauenabortes errichtet werden. Die Zellen sind sauber zu halten und mit gutschließenden Türen zu versehen. Bei der gebräuchlichen leichten und luftigen Bauart ist die Anbringung eines besonderen Lüftungsrohres nicht notwendig.

B. Persönliche Gesundheitspflege.

1. Ernährung.

Der menschliche Körper besteht aus Haut, Knochen, Muskeln (Fleisch genannt), Eingeweiden, Gehirn, Nerven usw. Alle diese Teile werden durch eine geringe Anzahl von Stoffen gebildet, welche der organischen, belebten und der unorganischen, unbelebten Natur entstammen, nämlich Eiweiß, Fett, stärkehaltigen Stoffen auf der einen und aus Wasser und Salzen (Kalk, Eisen, Kochsalz usw.) auf der anderen Seite.

Wie einer jeden Maschine die Kraft zugeführt werden muß, wenn sie eine Arbeit leisten soll, so ist es auch mit dem Menschen. Die Stoffe, aus denen der menschliche Körper zusammengesetzt ist, sind indessen nicht so einfacher und dauerhafter Art wie bei einer eisernen Maschine. Die Arbeitsweise der einzelnen Teile des menschlichen Körpers ist außerdem eine viel feinere, viel kompliziertere als die einer Maschine. Daher nutzen sich die einzelnen Teile des menschlichen Körpers leichter ab und bedürfen häufiger und schneller der Erneuerung.

Wir scheiden mit Urin, Schweiß, Atmung, den Darmentleerungen usw. täglich etwa $^1/_{17}$ des Körpergewichtes aus, und diese Stoffe, die der Zusammensetzung nach aus Eiweiß, Fett, Stärke, Wasser und Salzen bestehen, müssen wieder ersetzt werden, wenn der Körper bestehen und leistungsfähig bleiben soll. Durch die zahlreichen Versuche von v. Voit ist festgestellt worden, daß ein erwachsener Mensch täglich 118 g Eiweiß, 56 g Fett und 500 g stärkehaltige Stoffe zur Erhaltung seines Körpers gebraucht. Diese Stoffe, Nährstoffe genannt, müssen, nachdem sie durch die Verdauungssäfte gelöst sind, aus dem Magen- und Darmkanal in die Körpersäfte übergehen. Sie werden dem Körper nicht in reinem Zustande zugeführt, sondern sind in den Nahrungsmitteln, Fleisch, Brot, Butter, Milch, Kartoffeln usw., in verschiedenen Mengen enthalten.

So sind nach den Untersuchungen von Rubner in 100 Teilen enthalten:

	Wasser	Eiweiß	Fett	Stärkehaltige Stoffe oder Kohlehydrate
Bei magerem Ochsenfleisch .	75,9	21,9	0,9	—
„ Kalbfleisch	78,0	15,3	1,3	—
„ Hühnerei	73,9	14,1	10,9	—
„ Milch	87,1	4,1	3,9	4,2
„ Fettgewebe	3,7	1,7	94,5	—
„ Butter	17,0	0,9	92,1	—
„ Käse	40,0	43,0	7,0	—
„ Schellfisch	81,0	17,1	0,3	—
„ Hering, gesalzen . . .	46,23	18,90	16,89	—
„ Weizenbrot feinster Sorte .	31,5	7,1	0,75	58,1
„ „ mittlerer Sorte	30,5	13,6	0,55	59,0
„ „ aus ganz. Korn	37,6	12,7	1,32	52,2
„ Reis	13,5	7,5	—	78,1
„ Erbsen	14,3	22,5	—	58,2
„ gelben Rüben	85,0	1,5	—	12,3
„ Kartoffeln	75,0	2,0	—	21,8
„ Kopfsalat	94,3	1,4	0,3	2,8
„ Äpfeln	83,6	0,4	—	12,9

Die Fleischsorten zeichnen sich durch einen hohen Gehalt von Eiweiß aus, haben wenig Fett und enthalten keine stärkehaltigen Stoffe. Bei der Butter ist der Eiweißgehalt ein sehr geringer, der Fettgehalt ein sehr hoher. Beim Brot ist der Eiweißgehalt ein mittlerer, der Fettgehalt ein geringer, hingegen der Stärkegehalt ein hoher usw.

Die Verdauungsprozesse sind jedoch nicht imstande, alle Nahrungsstoffe aus diesen Nahrungsmitteln auszuziehen und in die Körpersäfte abzuleiten. Ein Teil der Speisen geht unausgenutzt mit dem Kot wieder ab.

So gehen von 100 Teilen

	Eiweiß	Fett	Stärke verloren
in Fleisch	2,6	—	—
„ Eier	2,6	—	—
„ Milch	7,1	—	—
„ Käse	3,8	—	—
„ Erbsen	17,5	—	3,6
„ Brot aus feinstem Mehl	20	—	1,1
„ Brot gröbster Sorte . .	24	—	2,6
„ Reis	20,4	—	0,9
„ Kartoffeln	32,2	—	7,6

Gut ausgenutzt wird das Eiweiß in Fleisch, Eiern und Milch. Bei den pflanzlichen Nahrungsmitteln wird die Aufnahme des Eiweiß durch die Zellenhülsen, die von den Verdauungssäften nur ungenügend zerstört werden können, beeinträchtigt. Es müssen daher größere Mengen von Nahrungsmitteln genossen werden, als eine etwaige Zusammenstellung der Speisen nach der Rubnerschen Tabelle ergibt, um den wirklichen Bedarf von 118 g Eiweiß, 56 g Fett und 500 g Stärkehaltungsstoffe zu decken.

Die sämtlichen Nahrungsmittel enthalten stets mehrere Nährstoffe, es ist daher die Möglichkeit gegeben, die Summen derselben in verschiedener Weise durch verschiedene Nahrungsmittel dem Körper zuzuführen. Volkssitten, Lebensgewohnheiten und Erwerbsverhältnisse spielen hierbei eine große Rolle.

So hat der Bauer in Oberbayern nur an vier Feiertagen des Jahres Fleisch. Der Holzknecht nährt sich im Gebirge die ganze Woche hindurch von Schmalz, Mehl und Brot. In Norddeutschland überwiegt in der Ernährung der Landbewohner die Kartoffel, daneben das Schwarzbrot. Diese Ernährungsweise ist eine ungünstige. Um die für den Körper notwendige Eiweißmenge zu erhalten, müssen zu große Mengen von Brot (ca. 2,5 Pfund) und Kartoffeln (ca. 16 Pfund) genossen werden und mit einer solchen Menge an Brot würde man $^1/_2$ Pfund und an Kartoffeln 2 Pfund stärkehaltige Stoffe zu viel einführen, ganz abgesehen von sonstigen Schäden, die eine solche Ernährung wegen ihrer Menge für den Körper mit sich bringt.

Für gewöhnlich gestaltet sich bei den Landbewohnern die Ernährung so, daß trotz der großen Portionen, die man zu sich nimmt, zu wenig Eiweiß und zu viel stärkehaltige Stoffe eingeführt werden. Es findet dadurch eine Unterernährung statt, und trotz der großen Nahrungsmengen fehlen die nötigen Körperkräfte.

Am größten ist die Gefahr der Unterernährung bei den ausländischen Sommerarbeitern, die sich gern mit Brot, Kohl und Kartoffeln begnügen. Daß sie hierbei nicht leistungsfähig bleiben können, leuchtet sehr leicht ein. Die Landwirtschaftskammern schreiben daher kontraktlich den Besitzern die Lieferung von 1 Pfund Fleisch, 1 Pfund Schmalz oder Margarine, 1 Pfund Graupen, 1 Pfund Reis, 25 Pfund Kartoffeln, $^1/_{10}$ Pfund Kaffee,

$^1/_2$ Pfund Salz, Zucker und 10 Pfund Brot (für den Mann) und 8 Pfund (für die Frau) pro Woche[1]) vor.

Erfahrungsgemäß ist festgestellt, daß bei einer richtigen Ernährung mindestens $^1/_3$ der Eiweißstoffe durch Fleisch und nicht mehr als $^2/_3$ der stärkehaltigen Stoffe durch Brot gedeckt werden sollen.

Beim deutschen Heere ist nach der Berechnung von v. Voit die große Ration

	im Frieden	im Krieg	
Brot . . .	697 g	749 g	
Fleisch . .	200 „	400 „	
Reis . . .	116 „	166 „	oder
Graupen .	149 „	166 „	
Hülsenfrüchte	307 „	332 „	
Kartoffeln .	1992 „	2000 „	

Diese Zusammenstellung gibt für eine zweckmäßige Ernährung gute Anhaltspunkte.

2. Kleidung und Bett.

Kleidung.

Wie schon bei der Ernährung hervorgehoben worden scheidet der Mensch täglich $^1/_{17}$ seines Körpergewichtes durch Darm, Nieren, Lunge und Haut wiederum aus. Für die Haut kommen hierbei namentlich Kohlensäure und Wasser in Betracht. Während jedoch die Kohlensäureausscheidung im Verhältnis zu der der Lunge nur gering ist, erreicht die durch die Haut ab-

[1]) Zur Ergänzung dieser Vorschrift sei indessen ausdrücklich betont, daß auch Käse, sowohl der weiße (Quark, Glumse) als der ausgearbeitete, ein überaus wertvolles Eiweißnahrungsmittel ist.

gesonderte Wassermenge annähernd die gleiche Größe, wie die, welche aus der Lunge oder den Nieren stammt. Nur bei großen Anstrengungen wird die Ausscheidung zeitweilig eine so starke, daß dieselbe als Schweiß die Kleider durchnäßt. Für gewöhnlich verdunstet der Schweiß sogleich auf der Haut und bedingt dadurch eine stete Abkühlung derselben.

Es ist bekannt, daß jeder kältere Körper dem wärmeren solange Wärme entzieht, bis beide die gleiche Temperatur haben. Würde nun in unserer Gegend der Mensch entblößt gehen, so würde die in dem größten Teil des Jahres viel kältere Luft dem Menschen mehr Wärme entziehen, als er hervorbringen kann, der Mensch würde durch Erfrieren zugrunde gehen. Deshalb ist er in unserer Zone gezwungen, gegen diese zu große Wärmeabgabe Abhilfe zu schaffen, sich sozusagen mit einem künstlichen Wärmemantel zu umgeben — sich zu bekleiden. Unsere Kleidung darf aber nun nicht alle Ausdünstungen des Körpers an demselben zurückhalten, sie gewissermaßen auf der Haut aufstapeln, sondern sie soll dieselben erwärmt ableiten und mit der umgebenden kühleren Luft erst auf der Oberfläche der Kleidung in Berührung bringen, die Abkühlungszone also von der Haut auf die Außenfläche der Kleidung verlegen. Der Körper wird dadurch mit einer Schicht erwärmter Luft umgeben. Daraus folgt, daß diejenige Kleidung am besten warm halten wird, die in ihren engen Gewebemaschen eine möglichst große Luftschicht aufnehmen kann. Aus diesem Grunde werden im allgemeinen die Wollsachen mit ihren zarten, gekräuselten Fasern am wärmsten halten. Verkleinert sich aber dieses Maschennetz, so nimmt auch damit der Wärmeschutz der Kleidung ab; es sei hier nur an einen öfters gewaschenen Flanellrock erinnert. Bei jedem Waschen läuft er mehr ein, bekommt ein kleineres Maschennetz, er verfilzt sich, wie man sagt, und verliert seinen Wärmeschutz. Ist jedoch das Maschennetz ein zu großes, so nimmt damit auch die wärmende Kraft ab, weil dann jeder Windzug die erwärmte Luft aus den Maschen heraustreibt. Eine viel glattere Faser als das Haar der Wolle haben Seide, Baumwolle, Hanf und Leinen; daher wird auch das Maschennetz aus diesem Gewebe ein nicht so lockeres, darum halten Stoffe auch Baumwolle und Leinen weniger warm als wollene. Man erinnere sich nur an den Unterschied der wollenen und baumwollenen Strümpfe. Diese letzteren Stoffe haben dafür aber einen anderen Vorzug, sie können als Pflanzenfaser viel mehr Feuchtigkeit in sich aufnehmen als die Tierfasern der Wolle und eignen sich besonders zur direkten Aufsaugung des Schweißes, zur Leibwäsche. Freilich hat die pflanzliche Faser auch gleichzeitig den Nachteil, daß sie so lange Feuchtigkeit aufnimmt, bis die Poren gänzlich davon angefüllt sind; damit hört dann die erwärmende Kraft auf, und es tritt als Folge des zu dichten feuchten Gewebes eine sehr starke Abkühlung ein. Braucht man also einen größeren Schutz gegen Kälte, so wird man stärkere Wollenstoffe bevorzugen. Wird jedoch die Luftwärme eine höhere und damit gleichzeitig die Schweißabsonderung eine stärkere, dann wird man Stoffe wählen, welche die Körperwärme weniger zurückhalten und den Schweiß besser aufsaugen, also Baumwolle und Leinen. Will man schließlich eine zu starke Abkühlung verhüten, dann wird man ein Mischgewebe aus Wolle und Baumwolle (Halbwolle oder dergleichen) nehmen. Die gleichen Verhältnisse finden wir ja beim Häuserbau. Da wurde auch hervorgehoben, daß die beste Wärmeleitung oder die gesundeste Wandung nicht etwa die zementverputzte aus großen Feldsteinen oder Granitblöcken ist, sondern die mit Hohlschicht gemauerte, wo also direkt innerhalb der Mauer eine ausgedehnte Luftschicht vorhanden ist. Hieraus folgt auch gleichzeitig für die Kleidung, daß nicht etwa diejenige am wärmsten hält, die dem Körper sich ganz eng und dicht anschmiegt, sondern jene, welche zwischen Körper und Kleidung oder in der Kleidung eine größere Luftschicht einschließt.

Die Manneskleidung ist bei uns im ganzen und großen als eine gesundheitlich zulässige zu betrachten; höchstens kann getadelt werden, daß der Leibriemen noch eine viel zu große Verwendung findet. Er beeinflußt in ungünstiger Weise das Atmen, das beim Mann hauptsächlich durch die Bewegungen des Zwerchfelles bedingt wird. Das gleiche gilt auch von der Säbelkoppel unserer Soldaten.

Bei der Frauenkleidung finden wir leider eine ganze Reihe von Erbsünden gegen die Gesundheit. Was die Städterin tut, das macht die Landschöne nach. Eine möglichst starke Einschnürung der Taille wird für eine große Schönheit gehalten, gerade als ob der liebe Herrgott bei der Schöpfung des Weibes sich die Wespe zum Vorbild genommen hätte. Und trägt die Landschöne bei der Arbeit kein Korsett, so schnürt sie sich die Taille durch die Rockbänder ein. Freilich in der Jetztzeit haben die wenigsten Menschen eine Vorstellung von einem normalen weiblichen Körper; wer aber als Arzt für diese Verhältnisse ein Auge hat, der wird sehr häufig finden, welch argen Verwüstungen die Frau Mode an dem weiblichen Körper angerichtet hat. Möge doch eine Mutter die Gelegenheit einmal wahrnehmen und den Körper ihres kleinen Töchterchens vor den Schuljahren betrachten und dann damit im Schlafzimmer ihren eigenen Körper in dem Spiegel vergleichen. Sie wird dann einsehen, welche Verunstaltungen die Mode an ihrem Körper hervorgebracht hat und hoffentlich ihre Tochter davor bewahren. Einschnürungen der Leber, Schwäche des Magens, Magengeschwüre, Bleichsucht, Schwäche der Lunge usw. sind Folgen des Schnürens. Es ist wirklich nicht nur Zufall, wenn beim weiblichen Geschlecht der Krebs der Gallenblase zehnmal häufiger ist als bei Männern. Darum fort mit dem Korsett, fort mit jedem die Taille und die Atmung beengenden Kleidungsstück! Die Röcke werden praktischer an einem Leibchen befestigt oder mittels Tragbändern von den Schultern getragen. Widersinnig ist auch die Annahme, die Körperwärme durch möglichst viele Kleidungsstücke erhöhen zu können. Es ist schier unglaublich, wieviel Hemden, Untertaillen und Röcke gelegentlich einer ärztlichen Untersuchung gelöst werden müssen. Hier gilt auch der Satz: eine gut gewählte lockere Kleidung hält mehr warm als eine Unmasse von Kleidungsstücken. Namentlich kann durch das Tragen der geschlossenen Beinkleider nicht nur ein Rock gespart werden, sondern durch dieses nicht genug zu empfehlende Kleidungsstück wird am sichersten mancher Erkältung und mancher Unterleibskrankheit der Frauen vorgebeugt.

Auch das Tragen der Strumpfbänder ist als eine Unsitte zu bezeichnen. Selten wird es einem Manne einfallen, dieselben anzulegen. Sollte bei den Frauen wirklich das Halten der Strümpfe Schwierigkeit machen, so sind sie sehr leicht am Beinkleid oder durch einen Gurt am Leibchen zu befestigen. Jede Einschnürung der Wade sollte vermieden werden, weil sie leicht zu Krampfaderbildungen und zu schwerheilenden Fußgeschwüren Veranlassung geben kann.

Bei der Wahl des Schuhwerkes richtet sich bisher der Mensch ganz nach dem Geschmack des Schusters, während sich doch eigentlich der Schuster allein nach der Form des Fußes richten sollte. Was hierin gesündigt wird, ist schier unglaublich. Fast täglich hat man Gelegenheit zu beobachten, wie dem Fuße durch den Schuh Gewalt angetan wird. Man zeichne sich doch nur einmal die Umrisse des Fußes auf ein Blatt Papier und vergleiche damit die Form des Stiefels, um das Widersinnige unserer Schuhmacherarbeiten einzusehen. Verkrüppelungen des Fußes, namentlich der Zehen, sind die notwendige Folge der jetzigen Fußbekleidung. Wenn man den Fuß eines einjährigen Kindes betrachtet, der noch nicht in derartige Marterinstrumente gezwängt ist, so hat man die Form eines natürlichen, normalen Fußes vor sich. Wir lachen über die Chinesinnen, die sich künstlich ihre Füße verkrüppeln lassen, und bedenken dabei gar nicht, daß wir ebenso sündigen. Besserung ist hier in erster Linie durch die Ausbildung des Schuhmachers zu erlangen; er muß die normalen Formen des menschlichen Fußes kennen lernen und sich bestreben, danach das Schuhwerk anzufertigen. So wie die Verhältnisse jetzt leider noch liegen, kann man sehr zufrieden sein, wenn jeder Schuster einem nicht mehr als ein neues Hühnerauge beibringt.

Bett.

Zur menschlichen Kleidung gehört auch das Bett, denn wir hüllen uns in dasselbe mindestens ein Viertel unserer Lebenszeit ein. Daher gilt von dem Bett das gleiche, was von der Kleidung gesagt ist. Es sei vor allen Dingen porös, für die Luft durchgängig. Zu verwerfen sind die hölzernen Bettstellen, namentlich wenn sie noch einen Boden aus Holzbrettern haben; zu verwerfen sind ebenso die in dem Wandalkoven untergebrachten Betten, weil sie der Luft zu wenig Zutritt gestatten. In gleicher Weise verhält es sich mit den dicken Federbetten; sie stapeln in sich zu starke Luftmengen auf und führen zu großer Wärmestauung an der Körperoberfläche. Am besten ist eine eiserne Bettstelle mit Federmatratze, darüber eine Roßhaarunterlage mit Laken. Zur Bedeckung ist in erster Linie eine wollene Decke zu empfehlen. Um der Luft einen möglichst genügenden Zutritt zu gestatten, soll das Bett nur mit einer Schmalseite an einer Wand stehen. Muß jedoch eine Längsseite der Raumeinteilung wegen an die Wand gestellt werden, so wähle man hierzu niemals eine Außenwand. Als selbstverständlich sollte es auch angesehen werden, daß jedes einzelne Familienmitglied sein Bett hat. Durch das Zusammenschlafen tritt, ganz abgesehen von den sittlichen Schäden, eine zu große Wärmestauung ein und der Übertragung von Krankheiten wird in ausgiebigster Weise Vorschub geleistet. Nach der Benutzung soll das Bett nicht sogleich wieder fein säuberlich zurecht gemacht werden, sondern es soll längere Zeit offen stehen und gut ausdünsten. Damit die Luft einen möglichst ausgedehnten Zutritt hat, sollen die Fenster des Schlafzimmers für längere Zeit, bei geeigneter Jahreszeit sogar den ganzen Tag über offen gehalten werden. Gegen das Schlafen bei offenem Fenster wird man nichts einzuwenden haben, solange keine direkte Zugluft hervorgerufen wird.

3. Hautpflege und Bäder.

Die Kleidung verhindert gleichzeitig, daß große Mengen des uns stets umgebenden Staubes direkt auf der Haut sich ablagern und diese verschmutzen. Ein Teil desselben findet jedoch auch durch die Maschen und Spalten der Kleidung seinen Weg bis an unseren Körper. Außerdem stößt sich die Oberhaut beständig in kleinsten Schuppen ab, und die Ausschwitzungen der Talgdrüsen lagern auf der Haut und bleiben daran kleben.

Deswegen soll sich unsere tägliche körperliche Reinigung nicht allein auf Hände und Gesicht beschränken, wie es auf dem Lande gewöhnlich noch gebräuchlich ist, sondern sie soll sich möglichst oft auf den ganzen Körper ausdehnen. Hierbei sei noch ausdrücklich darauf hingewiesen, daß Wasser allein nur die anhaftenden Staubteile beseitigen kann; will man die Haut von allen abgelagerten Fetteilen befreien, so ist dazu ganz unbedingt die Anwendung der Seife notwendig, da erst diese die Kraft hat, die Fettabsonderungen auf der Haut in Wasser löslich zu machen. Im Mittelalter war man in diesem Punkte viel weiter in Deutschland als jetzt. Da hatte man in jeder Stadt und in jedem Dorf eine öffentliche Badestube, und die besseren Privathäuser hatten ihre eigene Badegelegenheit. Allen Bevölkerungsschichten, von dem niedrigsten Knechte bis zum ehrfurchtsvoll gegrüßten, vielbeneideten Ortsgroßen war das Baden nicht nur ein unabweisbares Bedürfnis, sondern auch ein unentbehrlich gewordenes Vergnügen, das zu den sieben größten Freuden des Lebens gezählt wurde. (Bauer, Geschlechtsleben S. 215.) Darum sagt ein altdeutsches Sprichwort: „Willst du einen Tag fröhlich sein, so gehe ins Bad.“ Diese Verhältnisse haben sich in den späteren Jahrhunderten vollkommen geändert. Mit dem Auftreten der Franzosenkrankheit kamen die öffentlichen Bäder ganz in Verruf. Bei vielen Leuten ist jetzt die Hebamme die Frau, die ihnen das erste und auch das letzte Bad verabreicht. Aus diesem Grunde bezeichnet man in einigen Gegenden Deutschlands die Hebamme auch als Badefrau. Erst jetzt fängt man dank der Bestrebungen des deutschen Vereins für Volksbäder an, dem Badewesen ein größeres Interesse entgegenzubringen. Auch hier sind es wiederum Staat und Städte, die diesem gesundheitlichen Fortschritt die gebührende Achtung geben. Alle Garnisonen sind heute mit Bädern ausgestattet, und man hat gefunden, daß durch deren Einführung die gesundheitlichen Verhältnisse unter den Mannschaften sich bedeutend gebessert haben. In den Städten geht man ferner mit der Errichtung von Zellen- und Brausebädern, sogenannten Volksbädern vor, die durch ihre geringen Preise selbst dem ärmsten Mann zugängig werden. Auch das platte Land sollte sich diesen Bestrebungen nicht länger verschließen, hier tut die Einführung der Bäder ebenso not, wie in den Städten. Nicht allein ist es die Reinigung des Körpers, die in dem Bade eine viel gründlichere ist als beim bloßen Waschen, sondern ein jeder wird nach dem Verlassen desselben sich frisch und neubelebt fühlen. Dabei sei gleichzeitig auf den wohltuenden Einfluß der kalten Flußbäder hingewiesen. Auch hierfür findet man auf dem Lande kein Verständnis. Selbst an Orten, in denen es an Badegelegenheit nicht mangelt, denkt man nicht daran. Höchstens erinnert man sich dessen, wenn einmal junge Leute, des Schwimmens unkundig, sich in das Wasser hineinwagen und ihren Tod darin finden. Alljährlich wiederholt sich dieses Trauerspiel in den verschiedensten Dörfern, und doch fällt es niemanden ein, hier Wandel zu schaffen. Wie leicht wäre es nicht, an einem nahen Fluß, an einem in der Nähe des Dorfes gelegenen Teich oder Tümpel oder gar an einer Mergelgrube, mit wenigen Bretterverschlägen ein Badehaus zu errichten und hier die Jugend, Männlein wie Weiblein, zum Baden anzuhalten? Freilich müßte eine Überwachung des Badens vorhanden sein und die Jugend im Schwimmen unterrichtet werden. Ein Lehrer würde sich in erster Zeit wohl gern bereit finden lassen, den Schwimmunterricht zu erteilen und einen andern dazu anzulernen. An einzelnen Orten haben auch Turnvereine diese Unterweisung mit zu ihren

Übungen gemacht. Die meisten Todesfälle durch Ertrinken haben darin ihren Grund, daß die jungen Leute nicht schwimmen können, sich an eine tiefe Stelle wagen und so ohne weiteres vor den Augen der Mitbadenden untergehen und ihren Tod finden.

4. Krankenpflege.

Mit der Krankenpflege auf dem Lande ist es größtenteils schlecht bestellt. Der Kranke muß in derselben engen und dumpfen Stube verbleiben, in der er sonst seine Nachtruhe hält. Mädchen und Knechte schlagen ihr Krankenbett in der nicht heizbaren Kammer oder im Stall selbst auf. Den guten Willen zur Krankenpflege findet man bei den Leuten wohl, damit sind aber auch alle Hilfsmittel der Pflege erschöpft. Mit dem guten Willen allein kommt man natürlich nicht weit, denn die Krankenpflege will ebenso erlernt und geübt sein wie jede andere Beschäftigung, wenn sie ihren Zweck erfüllen soll. Darum ist vor allen Dingen für die Ausbildung eines geeigneten Pflegepersonals (Pflegeschwestern oder Krankenpflegerinnen) zu sorgen. Die Hebammen dürfen hierzu in keinem Falle in Anspruch genommen werden, da sie nur die Pflicht und das Recht haben, die gesunde Wöchnerin und deren Kind in der ersten Zeit nach der Niederkunft zu besorgen; sie müssen sofort zurücktreten, wenn die Wöchnerin von einer ansteckenden Krankheit befallen wird. Wenn sie auch andere Kranke besuchen dürften, würde die Gefahr nahe liegen, daß durch sie Krankheiten auf Wöchnerinnen übertragen werden. Daher ist das Beispiel mehrerer Kreise empfehlenswert, welche für kleinere ländliche Bezirke Diakonissen angestellt haben, die allen Bedürftigen unentgeltlich Hilfe leisten und die Pflege von Schwerkranken für Tag und Nacht übernehmen. Ein weiteres

Bedürfnis für die Krankenpflege auf dem Lande ist die Bereitstellung der notwendigen Gerätschaften, wie Gummikissen, Gummiunterlage, Stechbecken, Urinflasche, Irrigator, Schnabeltasse, Eisbeutel, Thermometer, Milchpumpe usw. Auch die für den ersten Verband nötigen Utensilien, Binden, Verbandwatte, antiseptische Gaze, Karbolsäure, Lysol u. dgl. sollten stets vorhanden sein.

Im hiesigen Kreise ist am Wohnort einer jeden Pflegeschwester eine sog. chirurgische Station vorhanden, welche u. a. 1 Wasserkissen, 2 Luftkissen, 3 Gummiunterlagen, Guttaperchapapier, 20 Cambricbinden, 20 Trikotschlauchbinden, 3 Eisbeutel, 2 Irrigatoren, 2 Maximalthermometer, 1 Badethermometer, 3 Gummiohrenspritzen, 1 Zinnspritze, 3 schwarze Armtücher, 2 Herzflaschen, 1 Katheter, 1 Eiterbecken, 1 Schere, 1 Kornzange, 2 Stechbecken, 2 Urinflaschen, 1 Pinzette, 1 Myrtenblattsonde, 2 Milchpumpen, verschiedene Schienen usw. enthält.

An anderen Orten ist diese Einrichtung unter dem Namen Margaretenspende bekannt. Demselben Zwecke dienen die sog. Sanitätskästen, die im kleineren Umfange die für die ländliche Krankenpflege notwendigsten Gerätschaften enthalten. Zuweilen ist auch noch für die Beschaffung von Wäsche, namentlich der Erstlingswäsche bei Wöchnerinnen zu sorgen. Vielfach widmen die vaterländischen Frauenvereine sich diesem Zwecke, und an manchen Orten sind dazu von einsichtigen Menschenfreunden bereits besondere Nähstunden eingerichtet.

Deneke hat zur Linderung dieses letzteren Notstandes in Stralsund die Wanderkörbe für Wöchnerinnen eingeführt. In einem solchen Korbe werden der jungen Mutter für den kleinen Weltbürger die notwendigen Wäschestücke leihweise überlassen. Nach dem Gebrauch soll die Mutter alles zurückliefern. Diese

Einrichtung hat sich nach den hiesigen Erfahrungen nicht immer bewährt; die zurückgelieferten Sachen und Körbe befanden sich vielfach in solcher Verfassung, daß eine zweite Mutter gern auf die Annahme verzichtete. Man schenkt daher in meinem Kreise West-Prignitz der Wöchnerin die notwendigen Wäschestücke.

Die Versorgung Bedürftiger mit Krankenkost, namentlich Krankensuppen, stößt auf dem Lande nicht auf Schwierigkeiten. Die Nachbarn sind hierin sehr gerne hilfsbereit; die Kochkunst freilich kommt oftmals mit den Anforderungen der Krankenpflege in Widerspruch.

Die Bereithaltung einer Krankenstube ist allen Besitzern, die ausländische Sommerarbeiter beschäftigen, zur Pflicht gemacht. Auch sonst findet man dieselbe wohl in großen Orten, in denen ein Krankenhaus fehlt. Der Widerwille gegen diese Einrichtung ist jedoch in der Landbevölkerung noch größer als gegen die Krankenhäuser.

Wirkliche Teilnahme und liebe Neugierde veranlassen oft Krankenbesuche. Hierfür deshalb einige Regeln. Man soll niemals einen Schwerkranken besuchen. Ein solcher ist am liebsten allein und ungestört, und seine Besserung wird nur aufgehalten, wenn stets die Luft durch eine Ansammlung von Menschen verschlechtert wird. Jeder Arzt kann ein Lied davon singen, wie oft er als erste Anordnung die Säuberung der Krankenzimmer von allen möglichen Tanten, getreuen Nachbaren u. dgl. vorzunehmen hat. Befindet sich der Kranke auf dem Wege der Besserung, so ist ihm vielleicht ein vereinzelter Besuch sehr angenehm und aufmunternd. Aber man soll stets dabei bedenken, daß ein Kranker geschwächt ist und viel leichter ermüdet als ein Gesunder. Daher soll man die Krankenbesuche nicht auf zu lange Zeit ausdehnen. In der Unterhaltung vermeide man alles, was den Kranken mißstimmen kann, namentlich erzähle man ihm nicht von Patienten, die gestorben sind, erzähle ihm nicht, daß er an einer unheilbaren Krankheit, wie Krebs, Schwindsucht oder dergleichen leide, und ganz besonders sage man einem Kranken niemals, daß er sehr schlecht aussehe. Das sind Worte, welche kein Kranker hören will. Im Gegenteil, man sage ihm, daß man sich nach dem Gerede der Leute sein Aussehen schlechter vorgestellt habe, daß er ja ganz wohl aussehe, daß er recht bald wieder aufstehen werde u. dgl. mehr.

Welche Taktlosigkeiten hierbei auch von den Leuten, die man nicht mehr zu den ganz dummen rechnen kann, gemacht werden, ist schier unglaublich.

Es gibt eine ganze Reihe von Krankheiten, welche wir als ansteckende bezeichnen, weil sie sich leicht von einem Menschen auf den andern übertragen lassen, sei es nun von Person auf Person oder durch einen belebten oder unbelebten Zwischenträger. Zu diesen Krankheiten gehören: Scharlach, Masern, Röteln, Diphtherie, Cholera, Pocken, Typhus, Ruhr, Ziegenpeter usw. Tritt eine derartige Krankheit auf, so muß es unser erstes Bestreben sein, die Krankheit auf den ersten Fall zu beschränken. Zu diesem Zweck ist der Kranke völlig abzuschließen, die Absonderungen des Kranken sind zu zerstören und nach der Genesung ist der Kranke zu baden und mit sauberer, reiner Wäsche zu versehen. Im Krankenzimmer selbst sind die etwa noch vorhandenen Krankheitskeime zu vernichten. Diese Vernichtung der Krankheitsstoffe (Desinfektion genannt) kann durch Hitze, aber auch durch chemische Mittel (Formalin, Lysol, Chlorkalk, Kaliseife, Soda usw.) geschehen. Wie diese im einzelnen anzuwenden sind, darüber gibt der Arzt oder die Pflegerin genaue Anweisung. Hervorheben möchte ich hier nur noch die Abschließung der Kranken. Soll dieselbe etwas nützen, so muß sie streng durchgeführt werden. Der Krankenraum und der Aufenthaltsraum für die Wärterin müssen völlig von der übrigen Wohnung abgeschieden sein. Auch die Pflegerin darf nicht mit den andern Personen zusammenkommen, ohne vorher ihre Kleidung völlig gewechselt zu haben.[1])

Nehmen wir einen besonderen Fall. Gesetzt, ein Kind ist an einer ansteckenden Krankheit, z. B. Scharlach erkrankt, und die Mutter übernimmt die Pflege. Sie soll sich dann um die übrige Familie und um die Wirtschaft überhaupt nicht kümmern. Sie soll weder in die Küche kommen, um nach dem Essen zu sehen oder der Köchin Anordnungen zu geben, noch soll sie in andere Stuben gehen, auch dann nicht, wenn sie zufällig menschenleer sind. In jedem Falle liegt die Gefahr nahe, daß in der Küche, auf dem Flur und in der Stube Krankheitskeime, die an der Kleidung sitzen, sich abstreifen, an einem anderen Kleid, einem Möbelstück, einer Tür, einem Türpfosten usw. haften bleiben und sich von hier aus auf die gesunden Kinder übertragen.

Die Erkrankten mit ihrem Pflegepersonal müssen von den Gesunden abgeschlossen werden, als ob sie auf einer unzugänglichen Insel abgesperrt wären.

Welchen sonderbaren Anschauungen man dabei begegnet, dafür gibt uns das Verhalten eines Lehrers Zeugnis, der bei einer Scharlachepidemie gewissenhaft alle erkrankten Kinder und deren Geschwister vom Schulbesuch ausschloß, aber gleichzeitig

---

[1]) S. Heft V dieser „Veröffentlichungen": Die häusliche Pflege bei ansteckenden Krankheiten, insbesondere bei ansteckenden Kinderkrankheiten von Dr. K. Doll.

die Mutter von zwei erkrankten Kindern als Wäscherin in das Schulhaus nahm!!!

Eine solche streng durchgeführte Absperrung ist bei Scharlach, Diphtherie, Pocken, Pest und Flecktyphus zur Beschränkung auf den ersten Krankheitsherd und zur erfolgreichen Bekämpfung durchaus notwendig. Bei anderen ansteckenden Krankheiten ist eine derartige vollständige Absperrung weniger erforderlich.

Inhaltsverzeichnis.

www.ingramcontent.com/pod-product-compliance
Lightning Source LLC
LaVergne TN
LVHW091730021026
849161LV00003BB/545